Beltz Taschenbuch 19

Über dieses Buch:
Entspannungstechniken und Ruherituale sind besonders in der Arbeit mit
verhaltensauffälligen Kindern und Jugendlichen von großer Bedeutung.
Hyperaktivität, Aggression, Angstreaktionen, Übererregung und Angespanntheit lassen sich durch Entspannungsverfahren vermindern oder
abbauen, so daß günstige Voraussetzungen für die therapeutische, schulische und pädagogische Arbeit geschaffen werden.
In diesem Buch werden kognitive, sensorische und imaginative Entspannungstechniken ausführlich dargestellt und ihre physiologische und
psychologische Wirkung beschrieben.
Ein praxisorientierter Leitfaden für die Anwendung verschiedener Entspannungsverfahren in der Arbeit mit Kindern und Jugendlichen.

Die Autorin:
Prof. Dr. Ulrike Petermann ist Lehrstuhlinhaberin für Verhaltensge-
störtenpädagogik an der Universität Dortmund. Ihre Arbeitsschwer-
punkte liegen im Bereich Verhaltensmodifikation, Pädagogische und
Klinische Psychologie.
Zusammen mit Franz Petermann hat sie im Beltz Verlag bereits zahlreiche
Bücher veröffentlicht.

Ulrike Petermann

Entspannungstechniken für Kinder und Jugendliche

Ein Praxisbuch

Besuchen Sie uns im Internet: http://www.beltz.de

Beltz Taschenbuch 19
1999 Beltz Verlag, Weinheim und Basel

© 1996 Psychologie Verlags Union, Weinheim
Umschlaggestaltung: Federico Luci, Köln
Umschlagphotographie: © Tony Stone Bilderwelten, München
Gesamtherstellung: Druckhaus Beltz, Hemsbach
Printed in Germany

ISBN 3 407 22019 7

Inhalt

Vorwort

Das Thema Entspannungstechniken ist in den letzten Jahren geradezu in Mode gekommen. Auch für Kinder und Jugendliche wurde eine Reihe von spezifischen Entspannungstechniken entwickelt und propagiert. Oft wird Entspannung mit Gesundheit einerseits und Stressbewältigung andererseits in Zusammenhang gebracht. Mit manchen Buchtiteln werden mystisch klingende Versprechungen gemacht, indem Bewußtseinsveränderungen mit Entspannung in Beziehung gebracht werden.

Sieht man von diesen unseriösen Modeerscheinungen ab, gibt es eine Reihe sehr positiver Ergebnisse beim Einsatz von Entspannungstechniken und Ruheritualen. Das Anliegen dieses Buches ist es, den heutigen wissenschaftlichen Kenntnisstand über Entspannungsverfahren darzulegen und Beispiele für geeignete Verfahren zum Einsatz bei Kindern und Jugendlichen vorzustellen.

Dieses Buch geht auf das Fernstudienmaterial zurück, welches von der Autorin 1994 für die FernUniversität Hagen erstellt wurde. Das Fernstudienmaterial ist für den Arbeitsbereich Sonderpädagogik des Fachbereichs Erziehungs-, Sozial- und Geisteswissenschaften konzipiert worden. Herr Berthold ECKSTEIN begleitete die Entstehung des Materials mit Rat und wertvollen Rückmeldungen. Parallel wurde die Idee entwickelt, außer dem Studienmaterial auch ein Begleitvideo zu erstellen. So entstand die Zusammenarbeit mit Frau Dr. Mechthild HAUFF (aus dem Zentrum für Fernstudienentwicklung der Fern-Universität Hagen). Mit ihrem Einsatz und ihrer Hilfe konnte ein 60minütiger Videofilm erstellt werden, der die wichtigsten Entspannungstechniken mit Kindern und Jugendlichen demonstriert (vgl. Bezugsquellennachweise). Herrn ECKSTEIN und Frau Dr. HAUFF danke ich für die angenehme, kooperative und engagierte Zeit der Zusammenarbeit im Rahmen der Studienmaterial- und Begleitvideoerstellung.

Danken möchte ich auch den Eltern und Kindern, die ihr Einverständnis gaben, bei dem Begleitvideo mitzuwirken. Dank schulde ich auch der Grundschule Horner Heerstraße in Bremen, namentlich der Rektorin Frau WIESNER sowie den Klassenlehrerinnen Frau EHLERS und Frau PENSKI. Sie haben in unkomplizierter und pragmatischer Weise wesentlich zum Gelingen des Begleitvideos beigetragen.

Abschließend möchte ich meinem lieben Ehemann danken, der zu mancher Abendstunde und an manchem Wochenende auf mich verzichten mußte und in seiner ihm eigenen geduldigen Weise meine Arbeit unterstützte.

Dortmund, im März 1996   Ulrike Petermann

Einleitung

Das Buch verfolgt das Ziel, daß der Leser über **verschiedene Entspannungstechniken** für Kinder und Jugendliche einen **Überblick** erhält. Er soll Kenntnisse über die **physiologischen Zusammenhänge** von Entspannungsvorgängen erlangen. Er soll in die Lage versetzt werden, mit Überzeugung einerseits, aber auch mit kritischer Sicht andererseits **Entspannungsverfahren auszuwählen** und **anzuwenden**. Schließlich soll er durch **eigene Übungen** sowie die **Reflexion** der damit verbundenen Erfahrungen erkennen und erleben, welche Körpersensationen (Körperempfindungen) mit Entspannungsübungen hervorgerufen werden können. Deshalb bieten die Kapitel 2 und 4 Anleitungen für Übungen, anhand derer einiges von dem, was theoretisch dargestellt wurde, praktisch erfahrbar wird. Mit Hilfe dieser Übungen können Wahrnehmungsfähigkeit und Problembewußtsein für Entspannungsphänomene erhöht werden. Diese Selbsterfahrung mit Entspannungswirkungen ist hilfreich, um mit Kindern Entspannungsübungen erfolgreich durchzuführen.

Im Hinblick auf die Lebenssituation von Kindern heute, welche häufig durch Unruhe, Hektik und ein Übermaß an verschiedenen Reizeinflüssen geprägt wird, ist die Tatsache zu berücksichtigen, daß Kinder nicht mehr selbstverständlich mit Ruhe vertraut sind. Die Technisierung der Welt hat ein großes Ausmaß an Lärm mit sich gebracht. Auch die visuellen Einflüsse über Video und Fernsehen, häufig mit extrem schnellen Bildschnitten verbunden, stellen höchste Anforderungen an die menschliche Informationsverarbeitung. Kinder und Jugendliche können diese Flut an auditiven und visuellen Stimuli kaum mehr verarbeiten. Der Tagesablauf vieler Kinder ist durch mangelnde Zeit der Eltern einerseits, aber auch durch minutiös verplante Freizeit der Kinder andererseits geprägt. Häufig finden wir in der heutigen Zeit zwei Extreme vor, nämlich Kinder, die sich ganz und gar selbst überlassen sind und unter anderem deshalb externe Stimulationen, die ihnen verfügbar sind, aufsuchen, wie Fernsehen oder Videospiele; andererseits haben wir eine nicht unbeträchtliche Anzahl von Kindern in unserer Gesellschaft, bei denen jede Minute des Tages sieben Tage in der Woche verplant ist. Diese Kinder finden kaum im Tages- und Wochenablauf die Ruhe und Muße, zu spielen und sich selbstgenügsam zu beschäftigen. Diese blitzlichtartige, unvollständige Beleuchtung von Kinderalltag heute soll eine Ahnung davon geben, daß Kinder oftmals mit Ruhe- und Rastlosigkeit konfrontiert sind. Um so wichtiger ist es für verhaltensgestörte Kinder, regelmäßig im Tages- und Wochenablauf Ruherituale zu integrieren.

Die Bedeutung von Entspannungstechniken für verhaltensgestörte Kinder und Jugendliche ist in besonderem Maße durch zwei Phänomene gegeben, die bei diesen beobachtbar sind: Zum einen sind sie sehr unruhig, unkonzentriert und impulsiv, zum anderen wirken sie angespannt, erregt oder aufgeregt. Um verhaltensgestörte Kinder und Jugendliche fördern zu können, benötigen sie oftmals eine „Vorbehandlung" im Sinne von Entspannungsritualen. Aus diesem Grunde wird in diesem Buch ein Schwerpunkt auf die Bedeutung von Entspannung für diese Kinder gelegt.

So wird kurz auf die wichtigsten Verhaltensstörungen, nämlich die hyperkinetischen Störungen, aggressives Verhalten sowie die Angststörungen, eingegangen, und die Kriterien für das Vorliegen einer Verhaltensstörung werden benannt.

Das Standardvorgehen des Autogenen Trainings und der Progressiven Muskelentspannung, welche die verbreitetsten Entspannungsverfahren darstellen, wird verdeutlicht. Die fünf physiologischen Wirkungsebenen von Entspannung lernt der Leser kennen und kann sie mit eigenen Entspannungserfahrungen aufgrund der Übungen in Verbindung bringen.

Indikation und Kontraindikation von Entspannungsverfahren werden verdeutlicht, ebenso die Abgrenzung der Kontraindikationen von den Nebenwirkungen sowie die Abgrenzung der Nebenwirkungen von den für Entspannungsgeschehen normalen Körpersensationen.

Auf die Bedingungen für die Durchführung von Entspannung, wie äußere Gegebenheiten, die Bedeutung von Vertrauen sowie der Zusammenhang von pädagogischem Konzept, Alltagsverständnis und Entspannungsritualen, wird eingegangen.

Dem Leser wird schließlich vermittelt, welche Probleme bei der Anwendung von Entspannung bei Kindern und Jugendlichen auftreten können und wie man damit umgehen kann.

1 Bedeutung von Entspannung für verhaltensgestörte Kinder und Jugendliche

Unabhängig davon, ob man mit verhaltensgestörten Kindern spielen, sie unterrichten oder in ihrem Sozialverhalten fördern möchte, wird man durch die innere Unruhe und Angespanntheit sowie motorischen Unruhe und Hyperaktivität dieser Kinder sehr schnell an Grenzen geführt. Diese Grenzen behindern nicht nur den Pädagogen in der Förderung der Kinder, sondern hemmen auch die Kinder selbst in ihrer Entwicklung. Deshalb ist es von großer Bedeutung, daß die Kinder in ihrer Alltagssituation Ruhepunkte finden können und Hilfen erhalten, immer wieder zur Ruhe zu kommen. Ein minimales Maß an Ruhe und Entspanntheit ermöglicht es erst, mit verhaltensgestörten Kinder erfolgreich zu arbeiten.

Bedeutung von Ruhe und Entspanntheit

In diesem Kapitel soll genauer darauf eingegangen werden, welche Definitionen und Klassifikationen heute von Verhaltensstörungen existieren, welchen Stellenwert Entspannungs- und Ruherituale für Kinder und Jugendliche haben und welche institutionellen Bedingungen beachtet werden müssen, um Entspannungsverfahren erfolgreich einzusetzen.

1.1 Definition und Entwicklungsverlauf von Verhaltensstörungen

Verhaltensstörungen bei Kindern und Jugendlichen werden in die beiden Gruppen **internalisierende** und **externalisierende Verhaltensstörungen** eingeteilt (vgl. F. Petermann, 1996b). Die externalisierenden Störungen umfassen **Hyperaktivität, Aggression** und **Delinquenz**. Damit wird deutlich, daß sich die externalisierenden Störungen, wie das Wort auch ausdrückt, auf solche Verhaltensweisen beziehen, die nach außen und auf andere gerichtet sind. Internalisierende Störungen umfassen verschiedene Ängste, wie **Angst vor** und **Vermeidung von Sozialkontakt,** aber auch soziale Unsicherheit und Isolation bis hin zur **Depression.** Diese Störungen sind auf den ersten Blick nicht so auffällig wie die externalisierenden. Internalisierende Störungen beziehen sich stärker auf die eigene Person, und nur in Fällen extremen Vermeidungsverhaltens, etwa gekoppelt mit dem Verweigern des Schulbesuchs, werden sie offensichtlich. Ein

Kind mit einer oder mehreren Verhaltensstörungen beeinträchtigt je nach Störungsart sich selbst in seiner Entwicklung, schadet anderen oder beides. Bei Kindern mit Verhaltensstörungen kann man sehr häufig feststellen, daß es nicht bei dieser Störung alleine bleibt, sondern sich im Laufe der Schulzeit Lernstörungen hinzugesellen. Verhaltens- und Lernstörungen stehen in einer nicht sehr günstigen

Wechselwirkung von Verhaltens- und Lernstörungen

Wechselwirkung. Im Gegensatz zu der Ansicht von vor 20 Jahren geben neuere Studien Hinweise darauf, daß ein größerer Teil der Kinder mit Lernstörungen diese nicht primär erworben haben; vielmehr scheint die Lernstörung eine Folge der Verhaltensstörung zu sein.

Längsschnittstudien von LOEBER

Eine Analyse von Längsschnittstudien, die LOEBER (1990) durchführte, kann aufzeigen, daß sich in Folge einer längerfristig bestehenden Verhaltensstörung auch schulische Lern- und Leistungsstörungen parallel entwickeln. Diese Analyse bezieht sich auf die Entwicklungspsychopathologie aggressiven Verhaltens bei Kindern und Jugendlichen. Sie zeigt außerdem auf, daß eine ungünstige Entwicklung oftmals eine Kette von Verhaltensstörungen darstellt. Dies soll am Beispiel der externalisierenden Verhaltensstörungen mit Hilfe der Loeber'schen Analyse aufgezeigt werden.

LOEBER (1990) kann in seiner Analyse bereits **prä-** und **perinatale** Probleme feststellen, die Hinweise darauf geben, daß aggressives Verhalten pränatal angelegt sein kann. So sind besonders Kinder gefährdet, deren Mütter während der Schwangerschaft Gifte, wie Nikotin, Alkohol, Drogen oder Medikamente, zu sich genommen haben. Diese können neurologische Veränderungen während der Entwicklung des Gehirns beim ungeborenen Kind bewirken und haben Auswirkungen auf das Verhalten des Säuglings und Kleinkindes. Der Säugling und das Kleinkind erweisen sich in der Folge dieser toxischen Einwirkungen als **schwierige**, nicht „pflegeleichte" **Kinder**. Schwierige Kinder sind solche, die nicht essen oder nicht schlafen wollen, keinen Schlaf-Wach-Rhythmus entwickeln sowie ein nicht beeinflußbares Schreiverhalten zeigen. Diese schwierigen Kinder prägen entscheidend die erste Eltern-Kind-Interaktion. Die belasteten Eltern reagieren gereizt, die Zuwendung für das Kind ist negativ gefärbt; in manchen Fällen erfährt ein Kind zum ersten Mal Gewalt, z. B. in Form von festem Schütteln, weil es sich nicht beruhigen läßt und sein Schreien nicht einstellt. Die nächste Entwicklungsstufe, die LOEBER herausarbeiten konnte, ist sodann die **Hyperaktivität**, die schon bei kleinen Kindern mit anderthalb, zwei und drei Jahren offensichtlich werden kann. Dieser folgt ein über das übliche Maß hinausgehendes **Trotzverhalten**, welches sich in starkem Opponieren in vielen Alltagssituationen zeigt. Häufig mit Beginn der Grundschulzeit gehen diese Entwicklungen in **aggressi-**

ves Verhalten über. Dadurch entstehen gestörte Interaktionsformen, nicht nur zwischen dem Kind und seinen Mitschülern, sondern auch zwischen dem Kind und seinen Lehrern.

Da die in der Entwicklungslinie früher entstandenen Probleme mit dem Auftreten einer neuen Problematik nicht verschwinden, sondern bestehen bleiben, differenzieren sich die Verhaltensstörungen immer stärker aus. Man nennt dies Diversifikation einer Störung. Diversifikation, früher Beginn und Sekundärprobleme wie Lernstörungen führen zu einem stabilen ungünstigen Entwicklungsverlauf mit schlechter Prognose. Die Lernprobleme bedeuten eine weitere Einschränkung einer positiven schulischen Entwicklung. Sie verhindern Erfolgserlebnisse und die Identifikation eines Kindes mit einem positiven sowie erfolgreichen Verhalten. Damit wird das Kind immer wieder auf sein aggressives Verhalten zurückgeworfen, was sich dadurch weiter differenziert und generalisiert, also auf viele Alltagssituationen und Personen überträgt. Die Zuwendung von Mitschülern und Lehrern erfolgt immer häufiger im Zusammenhang mit aggressivem Verhalten; das unangemessene Verhalten wird dadurch verstärkt, und dies trägt zu einer zusätzlichen Verhaltensstabilisierung bei.

Ein über längere Zeit bestehendes aggressives Verhalten zieht **mangelnde sozial kompetente** Verhaltensweisen nach sich, und die **Informationsverarbeitungsdefizite** dieser Kinder werden ebenfalls immer größer. Mit Informationsverarbeitungsdefiziten ist gemeint, daß aggressive Kinder ihre Umwelt bevorzugt feindselig wahrnehmen, weil sie sich übermäßig schnell bedroht fühlen. Besonders in mehrdeutigen sozialen Situationen erleben sie schnell Bedrohung und glauben, sich verteidigen zu müssen (vgl. DODGE, 1993). Dadurch entsteht ein ungünstiger Kreislauf von Sich-bedroht-fühlen und aggressiver Verteidigung, welcher im Laufe der Zeit zu großen Problemen mit Gleichaltrigen führt. So sind in der Folge davon aggressive Kinder häufig in der Gleichaltrigengruppe eher isoliert, und sie suchen sich deshalb Bezugsgruppen, in denen ihr unangemessenes Verhalten nicht nur akzeptiert wird, sondern erwünscht ist, weil es die Gruppennorm darstellt. Damit ist im Übergang zum Jugendalter ein Risiko zu **delinquentem Verhalten** gegeben. Abbildung 1 zeigt im Überblick den ungünstigen Entwicklungsverlauf nach der Analyse von LOEBER (1990; vgl. auch KUSCH & PETERMANN, 1996; PETERMANN & WARSCHBURGER, 1996; PETERMANN & PETERMANN, 1993 b).

Wie die Entwicklungsleiter aufzeigt, entsteht eine Verhaltensstörung, hier am Beispiel der Entwicklung externalisierender Verhaltensstörungen, nicht in einer kurzen Zeit, sondern sie hat in den meisten

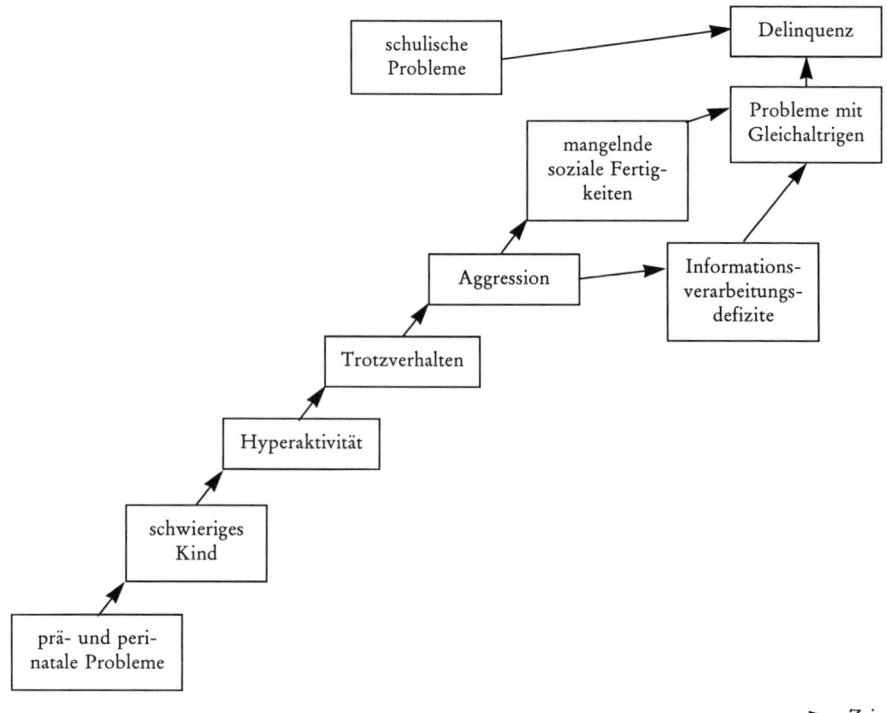

Abbildung 1: Entwicklungsverlauf externalisierender Verhaltensstörungen nach der Analyse von LOEBER (1990; vgl. Petermann & Warschburger, 1996, S. 135).

Fällen eine langjährige Vorgeschichte. LOEBER (1990) spricht in diesen Fällen von **frühen Startern**. Bisher unauffällige Kinder, die aufgrund belastender Veränderungen in ihrer Umwelt (kritische Lebensereignisse) mit einer Verhaltensstörung reagieren, können als **Quereinsteiger** in die Entwicklungsleiter (**späte Starter**) bezeichnet werden. Diese Kinder haben, wie leicht nachzuvollziehen ist, eine günstige Prognose, aus diesem ungünstigen Entwicklungsverlauf wieder auszusteigen; denn diese Verhaltensstörung ist bei den Kindern nicht so stark verfestigt und vor allem nicht in dem Maße generalisiert, wie dies bei den Kindern der Fall ist, die schon länger in diesen Entwicklungsstufen verweilen.

Hinsichtlich der internalisierenden Verhaltensstörungen, zu denen die verschiedenen **Angststörungen** und die **Depression** im Kindesalter zählen, liegen zur Zeit keine derartigen Längsschnittanalysen vor. Erste Hinweise deuten jedoch darauf hin, daß ängstliches und unsicheres Verhalten bei Kindern schon in frühem Alter beginnt, verschiedene Angstformen umfaßt, z. B. von der Trennungsangst bis zur Sozialphobie und Schulangst; bei Nichtbehandlung und bei fortschreitender Kindheit, spätestens beim Übergang in die Pubertät besteht das Risiko, daß sich Ängste zur Depression weiter entwickeln können (vgl. ESSAU & PETERMANN, 1996).

1.2 Klassifikation von Verhaltensstörungen und Phänomene

Es werden die häufigsten und wichtigsten Verhaltensstörungen herausgegriffen und hinsichtlich ihrer Klassifikation und Phänomene beschrieben. Es handelt sich einmal um hyperkinetische Störungen, um aggressives Verhalten und um Angststörungen.

1.2.1 Hyperkinetische Störungen

Hyperkinetische Störungen werden bei Kindern und Jugendlichen am häufigsten diagnostiziert. Sie geben Erzieherinnen, Lehrern und Eltern Anlaß, diese Kinder in Erziehungsberatungsstellen, schulpsychologischen Diensten oder in Kinder- und jugendpsychiatrischen Einrichtungen vorzustellen und um Rat zu suchen. DÖPFNER (1996) berichtet davon, daß 18,5 % aller in einer Kinder- und Jugendpsychiatrie vorgestellten Kinder und Jugendlichen als hyperkinetisch diagnostiziert wurden. Interessant ist, daß die Hälfte der Kinder und Jugendlichen zusätzlich zur hyperkinetischen Störung auch eine Störung des Sozialverhaltens zeigten. Dies bestätigt die Entwicklungsleiter von LOEBER, nach der die Folgestörungen der hyperkinetischen Störung oppositionelles Trotzverhalten und aggressives Verhalten darstellen. Schon im Kindergarten fallen viele Kinder (12,8 %) als hyperaktiv auf. Die befragten Erzieherinnen berichten auch, daß diese Kinder Probleme mit der Aufmerksamkeit und Konzentration haben. Eltern hingegen berichten von einem deutlich höheren Prozentsatz motorischer Unruhe bei Vorschulkindern (ca. 35 %). DÖPFNER (1996, S. 169) kommentiert diesen Sachverhalt folgendermaßen:

„Erstens treten sämtliche genannten Symptome auch als völlig normale Entwicklungsphasen in früheren Altersstufen auf. Die Abgrenzung zwischen Normvariation und Auffälligkeit bereitet deshalb vor allem im Vorschulalter Schwierigkeiten. Zweitens belegen die unterschiedlichen Prävalenzraten im Kindergarten und der Familie, daß das Verhalten situationsspezifisch ausgeprägt sein kann."

DSM-III-R und ICD

Aufmerksamkeitsstörungen

Hyperkinetische Störungen lassen sich im Hinblick auf drei Kernsymptome klassifizieren, nämlich hinsichtlich der Aufmerksamkeitsstörung, der Impulsivität sowie der Hyperaktivität (vgl. DÖPFNER, 1996 sowie die beiden Klassifikationssysteme DSM-III-R und ICD-10). Bei einer **gestörten Aufmerksamkeit** fällt ein Kind dadurch auf, daß es Spiele oder Aufgaben abbricht, bevor sie beendet sind. Kinder mit Aufmerksamkeitsstörungen springen häufig von einer Tätigkeit zu einer anderen. Sie wirken dabei interessenlos. Diese Aufmerksamkeitsstörungen kommen besonders dann vor, wenn eine Aufgabe oder ein Spiel für ein Kind fremdbestimmt und mit einer kognitiven Anstrengung verbunden ist. Diese Bedingungen treffen z. B. für die Situation der Hausaufgabenerledigung zu. Bei der Beobachtung einer Aufmerksamkeitsstörung muß darauf geachtet werden, ob ein Kind eher mit der selektiven Aufmerksamkeit oder mit der Daueraufmerksamkeit Probleme hat. Ist die selektive Aufmerksamkeit gestört, dann kann ein Kind sich nicht auf die Reize konzentrieren, die für ein Spiel oder eine Aufgabenbewältigung von Bedeutung sind. Einem Kind gelingt es in diesem Falle nicht, irrelevante Reize zu ignorieren, es ist also leicht ablenkbar. Verfügt ein Kind über mangelnde Daueraufmerksamkeit, dann ist es nicht in der Lage, sich über eine längere Zeit hinweg mit einer Aufgabe konzentriert zu befassen.

Impulsivität

Impulsive Kinder sind daran zu erkennen, daß sie plötzlich handeln oder reagieren, ohne vorher zu überlegen. Diesen Kindern fällt es auch schwer, abzuwarten oder Wünsche sowie Bedürfnisse aufzuschieben. Entsprechend diesem Sachverhalt, wird die Impulsivität in eine kognitive und in eine motivationale eingeteilt. Die kognitive Impulsivität bezieht sich darauf, daß eine Person ihrem ersten Handlungsimpuls nachgibt. Das heißt, sie kann nicht zuhören, nicht hinschauen und nicht überlegen, bevor sie etwas unternimmt. Bei der motivationalen Impulsivität können Kinder nicht abwarten, bis sie beispielsweise an der Reihe sind; sie können auch momentane Bedürfnisse nicht auf einen späteren Zeitpunkt aufschieben oder sogar verzichten.

Hyperaktivität

Das Kernsymptom **Hyperaktivität** kann am deutlichsten in Situationen beobachtet werden, die strukturiert sind, die vom Kind Verhaltenskontrolle oder Ruhe verlangen. So können diese Kinder nicht sitzen bleiben. Sie laufen oder springen viel herum, reden, lärmen und zappeln viel. Diese Kinder können ihre Unruhe und ihre übermäßige motorische Aktivität nicht situationsangemessen regulieren.

Die folgende Tabelle zeigt die operationalisierten Kriterien der hyperkinetischen Störung nach dem DSM-III-R auf (WITTCHEN et al., 1989, S. 81 f.).

Tabelle 1: Kriterien für Hyperkinetische Störungen nach dem DSM-III-R (vgl. WITTCHEN et al., 1989, S. 81 f.).

Der Betroffene

(1) zappelt häufig mit Händen oder Füßen oder windet sich in seinem Sitz (bei Adoleszenten kann sich dies auf subjektive Empfindungen von Rastlosigkeit beschränken)
(2) kann nur schwer sitzen bleiben, wenn dies von ihm verlangt wird
(3) wird leicht durch externe Reize abgelenkt
(4) kann bei Spiel- oder Gruppensituationen nur schwer warten, bis er an der Reihe ist
(5) platzt oft mit der Antwort heraus, bevor die Fragen vollständig gestellt sind
(6) hat Schwierigkeiten, Aufträge anderer vollkommen auszuführen (nicht bedingt durch oppositionelles Verhalten oder Verständnisschwierigkeiten), beendet beispielsweise die Hausaufgaben nicht
(7) hat Schwierigkeiten, bei Aufgaben oder Spielen länger aufmerksam zu sein
(8) wechselt häufig von einer nicht beendeten Aktivität zu einer anderen
(9) kann nur schwer ruhig spielen
(10) redet häufig übermäßig viel
(11) unterbricht oft andere oder drängt sich diesen auf, platzt z. B. ins Spiel anderer Kinder hinein
(12) scheint häufig nicht zuzuhören, wenn andere mit ihm sprechen
(13) verliert häufig Gegenstände, die er für Aufgaben und Aktivitäten in der Schule oder zu Hause benötigt (z. B. Spielzeug, Bleistifte, Bücher, Anweisungen)
(14) unternimmt oft, ohne Rücksicht auf mögliche Folgen, körperlich gefährliche Aktivitäten (nicht aus Abenteuerlust), rennt z. B. ohne zu schauen auf die Straße

Von den 14 Kriterien müssen bei einem Kind mindestens acht beobachtbar sein. Diese müssen deutlich häufiger feststellbar sein als bei Kindern, die im vergleichbaren Entwicklungsalter sind. Zudem müssen die drei Kernsymptome mindestens ein halbes Jahr von einem Kind gezeigt werden, bevor es mit der Verhaltensstörung „hyperkinetische Störung" bezeichnet werden darf.

Es ist nichts Außergewöhnliches, daß je nach Lebensbereich und Situation die Aufmerksamkeitsstörung, Impulsivität und Hyperaktivität in unterschiedlichem Ausmaß auftreten. Am offensichtlichsten sind die hyperkinetischen Störungen z. B. im Unterricht, bei den Hausaufgaben, beim Essen oder beim Zubettgehen beobachtbar. In Situationen, in denen ein hyperkinetisches Kind sich nur mit einer

Person auseinandersetzen muß, oder seiner Lieblingstätigkeit nachgehen kann, brauchen die einzelnen Störungen nicht aufzutreten. Eine Reihe von Studien belegen eindeutig, daß die drei Kernsymptome der hyperkinetischen Störungen mit einer Reihe weiterer Auffälligkeiten und Problemen einhergehen. So zeigen sich bei diesen Kindern auch vermehrt oppositionelle Störungen, aggressives Verhalten, vor allem im Umgang mit Gleichaltrigen oder Geschwistern; vielfach wurde eine verminderte Intelligenzleistung festgestellt. Eindeutig sind auch die Hinweise auf Schulleistungsdefizite mit häufiger Klassenwiederholung und schlechteren Schulnoten (einen sehr guten Überblick geben die Ausführungen von DÖPFNER, 1996).

1.2.2 Aggressives Verhalten

Aggressives Verhalten ist die stabilste Verhaltensstörung mit den ungünstigsten Prognosen. Die negativen Formen aggressiven Verhaltens umfassen die instrumentelle oder **egoistische Aggression** sowie die **angstmotivierte Aggression**, die eine emotionsgeleitete Form aggressiven Verhaltens darstellt (vgl. PETERMANN, 1997; PETERMANN & PETERMANN, 1994). Die egoistisch motivierte Aggression umfaßt immer eine zielgerichtete Schädigung entweder einer Person oder von Sachen und Gegenständen. Dem aggressiv Handelnden kommt es mit diesem Verhalten darauf an, für sich die größten Vorteile zu erreichen, seine Bedürfnisse und Interessen durchzusetzen, Macht über andere auszuüben oder gar Angst und Hilflosigkeit beim anderen zu erzeugen.

Die angstmotivierte Aggressionsform stellt sich anders dar. Dieses aggressive Verhalten kommt deshalb zustande, weil soziale Situationen subjektiv als bedrohlich und angstauslösend erlebt werden. Dies trifft insbesondere für zweideutige Situationen zu. Die Angstgefühle werden durch aggressive Handlungen abgebaut. Dies geschieht anfangs zufällig. Der angstmotiviert Aggressive lernt im Laufe der Zeit, daß Unsicherheit und Angstgefühle durch das aggressive Verhalten beseitigt werden können, da die mit Aggression verbundenen Emotionen dominanter sind als die Angstgefühle. Betrachtet man den Entwicklungsprozeß, so ist zu berücksichtigen, daß nach einiger Zeit die Umwelt auf eine aggressive Person mit aggressivem Verhalten reagiert oder der Initiator aggressiven Verhaltens isoliert wird. Somit entstehen aus der Sicht des angstmotiviert aggressiven Kindes immer mehr Alltagssituationen mit tatsächlichem Bedrohungscharakter, gegen die sich das Kind wehrt (vgl. PETERMANN & PETERMANN, 1994 und Abb. 2).

egoistisch motivierte Aggression

angstmotivierte Aggression

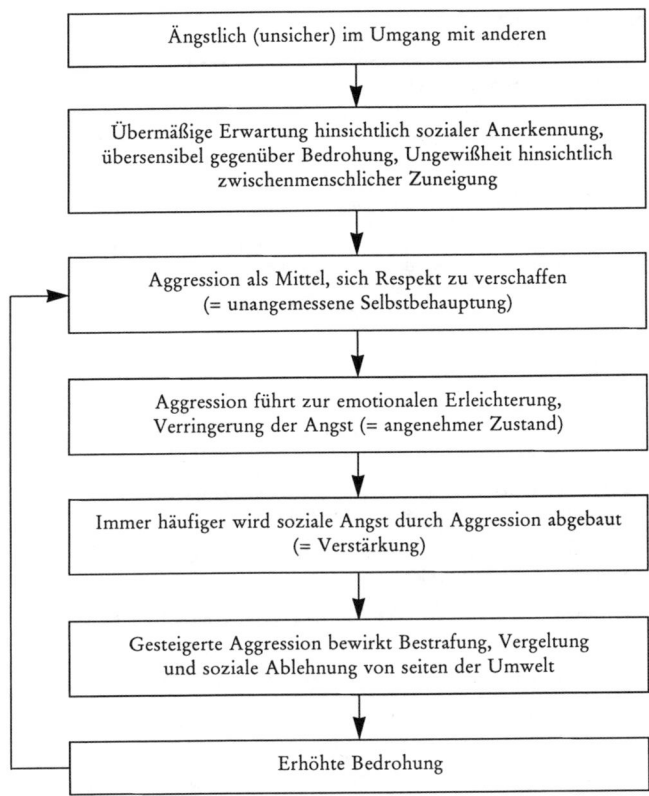

Abbildung 2: Kreislauf der angstmotivierten Aggression nach PETERMANN &
PETERMANN (1994, S. 8).

Neben diesen beiden unangemessenen Formen aggressiven Verhaltens gibt es eine lebensnotwendige positive Form aggressiven Verhaltens, die wir eher mit angemessener Selbstbehauptung bezeichnen. Sie umfaßt sich durchsetzendes Verhalten, auch wenn dies nachdrücklich erfolgt.

angemessene Selbstbehauptung

Um von aggressivem Verhalten bei einem Kind sprechen zu können, müssen einige Kriterien bedacht werden. Das aggressive Verhalten muß:

Kriterien für aggressives Verhalten

1. mindestens ein halbes Jahr auftreten,
2. häufig pro Woche oder täglich beobachtbar sein,
3. einen intensiven Ausprägungsgrad aufweisen und
4. von dreizehn Verhaltenskriterien aus dem DSM-III-R müssen acht Kriterien erfüllt sein.

Tabelle 2: Beobachtungskategorien für aggressives Verhalten
(BAV; vgl. PETERMANN & PETERMANN, 1994, S. 40).

Beobachtungsbogen für aggressives Verhalten (BAV)

Urteil	Verhalten
_____	1. Kind wird beschimpft und angeschrien.
_____	2. Schadenfreudiges Lachen, zynische Bemerkungen gegenüber Erwachsenen und Kindern, Spotten über andere.
_____	3. Anschreien, anbrüllen und beschimpfen von Erwachsenen und Kindern.
_____	4. Kind wird geboxt, getreten, gestoßen, gekratzt, an den Haaren gezogen und bespuckt.
_____	5. Hinterhältiges beinstellen, stuhlwegziehen, stoßen, schadenfreudiges hilfeverweigern.
_____	6. Boxen, treten, schlagen, stoßen, beißen, kratzen, spucken, haareziehen, beschmutzen von Personen.
_____	7. Selbstbeschimpfen, Selbstironie, Fluchen über eigenes Verhalten (z. B. über einen Fehler).
_____	8. Nägelbeißen, Haareraufen, Kopfanschlagen, selbstschädigende Kopf- und Körperbewegungen.
_____	9. Beschimpfen und verfluchen von Gegenständen.
_____	10. Beschädigen von Gegenständen: beschmieren, treten, zerreißen, beschmutzen, Türe zuknallen und Sachen durch die Luft werfen.
_____	11. Sich angemessen selbstbehaupten: in normaler Lautstärke seine Meinung oder Kritik äußern, keine verletzenden Worte benutzen.
_____	12. Kooperativ- und kompromißbereit: Vorschläge unterbreiten, nachgeben, Regeln einhalten, andere unterstützen.
_____	13. Selbstkontrolle: bei Wut sich mit einer anderen Beschäftigung ablenken, der Steigerung des Konfliktes aus dem Weg gehen, Aufforderungen nachkommen, unaufgefordert Verpflichtungen nachkommen.
_____	14. Einfühlen und Eindenken in das Gegenüber: anderen zuhören, die Meinung eines anderen akzeptieren, nach Ursachen für Konflikte fragen und nachfragen, wie der andere sich fühlt.

Besondere Beobachtungen und Anmerkungen:

_____

_____

_____

Das beobachtbare aggressive Verhalten muß im Vergleich zum Entwicklungsalter eines Kindes und im Vergleich zum Verhalten der Gleichaltrigengruppe in seiner Häufigkeit und Intensität deutlich abgehoben sein. Es handelt sich also um schwerwiegendes Verhalten hinsichtlich der Auswirkungen und Folgen. Es kann sich auf fünf Ebenen äußern (vgl. PETERMANN & PETERMANN, 1994, S. 4f.):

1. offen-gezeigt versus verdeckt-hinterhältig,
2. körperlich versus verbal,
3. aktiv-ausübend versus passiv-erfahrend,
4. direkt versus indirekt und
5. nach außen-gewandt versus nach innen-gewandt.

Diese Dimensionen aggressiven Verhaltens lassen sich als konkrete Kategorien zur Verhaltensbeobachtung formulieren. Tabelle 2 zeigt die systematisch aus den fünf Dimensionen abgeleiteten Verhaltensbeobachtungskategorien für aggressives Verhalten.

Das Klassifikationssystem DSM-III-R bezeichnet das aggressive Verhalten als „Störung des Sozialverhaltens" und unterscheidet dabei drei Typen aggressiver Kinder, nämlich den Gruppentyp (aggressives Verhalten wird als Initiator oder Mitläufer bevorzugt in einer Gleichaltrigengruppe gezeigt), den aggressiven Einzelgängertyp und einen nicht näher differenzierten Typ aggressiven Verhaltens. Davon ist noch einmal diagnostisch der Typ „Oppositionelles Trotzverhalten" zu unterscheiden. Die dreizehn Kriterien, die für die Diagnose „aggressives Verhalten" bzw. „Störung des Sozialverhaltens" angegeben werden, zeigt Tabelle 3 auf.

Das differentialdiagnostisch abzugrenzende Oppositionelle Trotzverhalten stellt eine Vorläuferproblematik des aggressiven Verhaltens dar, wie die Entwicklungsleiter von LOEBER (1990) im vorigen Abschnitt zeigte. Das konkrete Verhalten dieser Störung kann als weniger drastisch, im Vergleich zur Störung des Sozialverhaltens, bezeichnet werden. Nach DSM-III-R (vgl. WITTCHEN et al., 1989, S. 88) liegen neun Kriterien für die Störung mit Oppositionellem Trotzverhalten vor, die die Tabelle 4 ausweist.

Aggressives Verhalten und Oppositionelles Verhalten treten sehr häufig gemeinsam auf, was insofern wiederum nicht verwundert, als sie in dem Entwicklungsmodell von LOEBER (1990) aufeinander folgende Störungen des Sozialverhaltens darstellen. Bei der Klassifikation aggressiven Verhaltens müssen die Umweltbereiche, in denen das Verhalten gezeigt wird, beachtet werden. Es handelt sich in der Regel um die Bereiche zu Hause, in der Schule und in der Freizeit außerhalb des Elternhauses. In je mehr Alltagssituationen und je mehr Umweltbereichen Störungen des Sozialverhaltens auftreten,

Typen aggressiven Verhaltens nach dem DSM-III-R

Tabelle 3: Verhaltenskriterien für aggressives Verhalten nach dem DSM-III-R (Wittchen et al., 1989, S. 85).

Der Betroffene

(1) hat mehr als einmal gestohlen, ohne unmittelbare Begegnung mit dem Opfer (einschließlich Betrug)

(2) lief mindestens zweimal über Nacht von zu Hause fort, während er noch bei den Eltern oder einer anderen Bezugsperson wohnte (oder nur einmal ohne Rückkehr)

(3) lügt häufig (außer um körperliche Mißhandlung oder sexuellen Mißbrauch abzuwenden)

(4) beging vorsätzlich Brandstiftung

(5) schwänzt häufig die Schule (bei älteren Personen Abwesenheit vom Arbeitsplatz)

(6) brach in fremde Wohnungen, Gebäude oder Autos ein

(7) zerstörte vorsätzlich fremdes Eigentum

(8) quälte Tiere

(9) zwang andere Personen zu Sexualkontakten

(10) benutzte in mehr als einer Schlägerei eine Waffe

(11) zettelt häufig Schlägereien an

(12) hat in der Gegenwart des Opfers gestohlen (z. B. Raubüberfall, Taschendiebstahl, Erpressung, bewaffneter Raubüberfall)

(13) war körperlich grausam zu anderen

Tabelle 4: Verhaltenskriterien für die Störung mit Oppositionellem Trotzverhalten nach dem DSM-III-R (WITTCHEN et al., 1989, S. 88).

Der Betroffene

(1) verliert oft die Nerven

(2) streitet sich oft mit Erwachsenen

(3) widersetzt sich häufig den Anweisungen oder Regeln der Erwachsenen, weigert sich beispielsweise Hausarbeiten zu machen

(4) tut vorsätzlich etwas, was andere verärgert, greift z. B. nach den Mützen anderer Kinder

(5) schiebt oft anderen die Schuld für eigene Fehler zu

(6) ist oft reizbar und durch andere verärgert

(7) ist oft wütend und beleidigt

(8) ist oft boshaft und nachtragend

(9) flucht oft oder benutzt obszöne Wörter

desto generalisierter ist die Verhaltensstörung und um so eingeengter ist sozial kompetentes, angemessenes Verhalten. Es ist von großer Bedeutung, über Verhaltensbeobachtungen oder systematische Explorationen zu erfahren, in wie vielen Alltagssituationen und Umweltbereichen ein Kind sich bereits aggressiv verhält. Je ausgebreiteter das Verhalten auftritt, um so gefestigter ist es bereits und um so schwieriger wird es sein, pädagogisch fördernde oder therapeutische Effekte zu erzielen.

1.2.3 Angststörungen

Die Angststörungen gehören zu den internalisierenden Verhaltensstörungen. Angst zu empfinden, ist für Menschen zuerst einmal ein normales und lebensnotwendiges Gefühl. Der Schutzfaktor von Angst geht jedoch dann verloren, wenn die Angst ein Maß überschreitet, wodurch es in vielen Alltagssituationen zu vermeidendem Rückzugsverhalten kommt. Gerade bei Kindern hat dies sehr ungünstige Folgen, da sekundäre Schäden, im Sinne von z. B. Entwicklungsverzögerungen, auftreten. Ein Kind, welches beispielsweise aus Angst soziale Situationen mit Gleichaltrigen vermeidet oder sogar verweigert, lernt in wichtigen Entwicklungsabschnitten nicht, mit anderen Kindern zu spielen, zu teilen, zu helfen oder zu kooperieren. Somit entstehen in der Sozialentwicklung bis hin zur motorischen Entwicklung große Defizite, die ein Kind in seiner Gesamtentwicklung deutlich beeinträchtigen können.

Man unterscheidet bei den Angststörungen drei Arten von Ängsten, nämlich die **Trennungsangst**, die **Angst mit Kontaktvermeidung** und die **Überängstlichkeit**. Ängste sind unter Kindern relativ häufig verbreitet, wobei die Zahlen zur Auftretenshäufigkeit, je nach diagnostischen Kriterien, stark schwanken. Ängste und soziale Unsicherheit können als heimliche Verhaltensstörung bezeichnet werden, da sie im Vergleich zu den externalisierenden Verhaltensstörungen die Bezugspersonen dieser Kinder in der Regel nicht im gleichen Maße unter Handlungsdruck setzen wie dies z. B. bei der Aggression der Fall ist (vgl. ESSAU & PETERMANN, 1996).

Die Störung mit **Trennungsangst** kann als solche erst ab einem bestimmten Alter festgestellt werden. Trennungsangst ist nämlich bei Kindern bis zu ca. drei oder vier Jahren ein normales Übergangsphänomen, was sich mit zunehmender Entwicklung gibt. Über dieses Alter hinaus anhaltende exzessive Reaktionen auf Trennung von den wichtigsten Bezugspersonen kann als Störung mit Trennungsangst klassifiziert werden. Die wichtigsten Bezugspersonen für diese Kinder sind in der Regel die Eltern. Die vom Kind gezeigte Tren-

Störung mit
Trennungsangst

nungsangst bezieht sich im einzelnen auf folgende Punkte (vgl. WITTCHEN et al., 1989, S. 92):

Kriterien für die Störung mit Trennungsangst

„Die Kinder sind in unrealistischer und anhaltender Weise darüber besorgt, daß ihren Eltern etwas zustoßen könnte oder ein Unglück sie von den Eltern trennen könnte.

Die Kinder weigern sich konsequent, über einen längeren Zeitraum die Schule zu besuchen oder ohne die Anwesenheit einer vertrauten Person einzuschlafen oder für eine befristete Zeit alleine zu Hause zu sein oder bei vertrauten Personen, jedoch weg von zu Hause zu schlafen.

Die Kinder berichten wiederholt über Alpträume, die Trennungen zum Thema haben. Steht eine Trennung von Eltern bevor, z. B. weil die Kinder den Kindergarten oder die Schule besuchen sollen, dann klagen sie beispielsweise über körperliche Symptome, sie schreien und jammern, oder es können auch Wutanfälle auftreten."

Störung mit Kontaktvermeidung

Eine Reihe der genannten Merkmale müssen über einen Zeitraum von mindestens zwei Wochen zusammenhängend beobachtet worden sein. Die **Störung mit Kontaktvermeidung** hingegen muß über mindestens sechs Monate oder länger aufgetreten sein, und das Kind muß mindestens zweieinhalb Jahre alt sein. Bei der Störung mit Kontaktvermeidung geht es nicht lediglich um sozial zurückhaltende Kinder; vielmehr zeigen diese Kinder eine große Scheu vor unvertrauten Personen, so daß sie den Kontakt zu unbekannten oder wenig vertrauten Gleichaltrigen oder Erwachsenen vermeiden oder sogar aktiv verweigern (vgl. WITTCHEN et al., 1989, S. 94). Dadurch ist ihre Sozialentwicklung allgemein und die Entwicklung von spezifischen Fähigkeiten zum Umgang mit Gleichaltrigen stark beeinträchtigt. Zu den unmittelbaren Bezugspersonen, die dem Kind vertraut sind, besteht eine gute Kontaktfähigkeit, und die Kinder erleben die Beziehungen zu den engsten Familienmitgliedern als befriedigend und ausreichend. In Abgrenzung der Störung mit Kontaktvermeidung zur Störung mit Trennungsangst ist zu beachten, daß die trennungsängstlichen Kinder keine Scheu vor fremden und unvertrauten Personen haben, sondern ihre Angst bezieht sich auf die Trennung von vertrauten Personen. Die folgende Tabelle gibt den Beobachtungsbogen für sozial unsicheres Verhalten wieder, der die wesentlichen Verhaltensmerkmale der Störung mit Trennungsangst und der Störung mit Kontaktvermeidung einschließt. Dieser Beobachtungsbogen für sozial unsicheres Verhalten (**BSU**; vgl. PETERMANN & PETERMANN, 1996b) weist darüber hinaus Verhaltenskategorien auf, die die Art zu sprechen, die Gestik und die Mimik berücksichtigen.

Tabelle 5: Beobachtungskategorien zu ängstlichem und sozial unsicherem Verhalten (nach PETERMANN & PETERMANN, 1996b, S. 39).

BEOBACHTUNGSBOGEN für sozial unsicheres Verhalten (BSU)

Name: .... Datum: ....

Beurteiler: .... Bogen-Nr.: ....

Kategorie		Urteil
1	**STILL SEIN** Nichts erzählen, nichts fragen, nichts erbitten; keine Freude zeigen	_____
2	**SPRECHEN** Gehetztes, undeutliches, zu schnelles, abgehacktes Sprechen, häufig das gleiche Wort verwenden; zu leise oder zu laut sprechen; zu kurze Antworten (nur Ja/Nein); Kind wartet lange, bis es antwortet oder etwas erzählt	_____
3	**STOTTERN** Kein Wort oder keinen Satz zusammenhängend aussprechen können; beim Sprechen außer Atem sein	_____
4	**GEFÜHLE** Lautes oder leises Weinen; Tränen in den Augen; Zittern in der Stimme	_____
5	**GESICHTSAUSDRUCK** Unsicheres Umherschauen; verlegenes Lächeln; kurze Dauer des Blickkontaktes; Gesichtszucken	_____
6	**KÖRPERAUSDRUCK** Zittern der Hände; zappeln; Bleistift- und/oder Nägelkauen, nervöses Spiel mit den Händen	_____
7	**BEWEGUNGEN** Sich nicht von der Stelle bewegen; eintönige, sich wieder-holende Körperbewegungen	_____
8	**TÄTIGKEITEN** a) Sich allein keinem Spiel beziehungsweise keiner Beschäftigung zuwenden; sich weigern, sozialen Verpflichtungen und Anforderungen in Schule und Familie nachzukommen (zum Beispiel in der Gemeinschaft helfen); Kind wartet lange, bis es eine Tätigkeit aufnimmt b) Aktivitäten wütend beenden, wenn ein Spiel mißlingt oder eine soziale Aufgabe nicht bewältigt wird c) Resignieren, wenn ein Spiel mißlingt oder eine soziale Aufgabe nicht bewältigt wird	_____ _____ _____
9	**SICH SELBSTBEHAUPTEN** a) Angemessen Forderungen stellen können; ablehnen können (nein sagen); Meinung und Kritik äußern können b) Angemessen und kompromißbereit auf soziale Verpflichtungen eingehen können (ja sagen)	_____
11	**EIGENSTÄNDIGE AKTIVITÄTEN** Kontakt zu anderen aufnehmen können; sich spielenden Kindern anschließen können; bei schwierigen sozialen Aufgaben nicht resignieren	_____
12	**SONSTIGE MERKMALE** Erbrechen (zum Beispiel morgens vor der Schule oder in der Schule); Mundtrockenheit (Durst); Einnässen (nachts, tagsüber); Einkoten (nachts, tagsüber); Sprachfehler (zum Beispiel Lispeln, bestimmte Buchstaben nicht sprechen können); Erröten, Erblassen	_____

Störung mit
Überängstlich-
keit

Als letzte Angststörung im Kindes- und Jugendalter wird auf die
Störung mit Überängstlichkeit nach dem DSM-III-R kurz eingegangen (vgl. WITTCHEN et al., 1989, S. 96). Typisch für diese Angststörung ist es, daß die Kinder oder Jugendlichen eine übermäßige
und unrealistische Angst bzw. Sorge äußern, die kaum konkret und
faßbar ist. Die Überängstlichkeit bezieht sich auf folgende Aspekte:

- Es besteht eine hohe und irreale Besorgtheit über die Zukunft.
- Eine übermäßige Angst kann sich auch auf früheres Verhalten
  beziehen und die damit verknüpfte Frage, ob es angemessen und
  positiv bewertet wurde, sowie auf eigene Kompetenzen.
- Die Kinder und Jugendlichen klagen über somatische Beschwer-
  den, wie Kopf- und Bauchschmerzen. Charakteristisch ist, daß
  diese Beschwerden keinen körperlichen Befund haben.
- In verschiedensten Alltagssituationen kann entweder eine starke
  Befangenheit und Unsicherheit auftreten oder ein übermäßiges
  Bedürfnis nach Anerkennung und Bestätigung.
- Schließlich ist eine massive Angespanntheit festzustellen, sowie
  die Unfähigkeit, sich zu entspannen.

Wie die Klassifikationen externalisierender und internalisierender
Verhaltensstörungen aufzeigen konnten, handelt es sich hierbei um
sehr differenziert zu betrachtende Störungsbilder, die häufig auch
gekoppelt auftreten können.

1.3   Bedeutung von Entspannungs- und Ruheritualen
für Kinder und Jugendliche

Wie die Ausführungen des vorigen Abschnittes zeigten, weisen Kinder mit Verhaltensstörungen aus unterschiedlichen Gründen motorische Unruhe, Zappeligkeit und Hyperaktivität sowie Angespanntheit
und ein hohes Erregungsniveau auf. Will man mit verhaltensgestörten Kindern arbeiten, sei es pädagogisch, therapeutisch oder schu-
lisch, dann benötigen diese Kinder Entspannungs- und Ruherituale,
damit sie aufgrund der positiven Auswirkungen von Entspannung in
die Lage versetzt werden, sich bei den dann folgenden Aktivitäten in
angemessener Form zu beteiligen. Kinder mit motorischer Unruhe,
Angespanntheit und hoher Erregung sind weder für Unterricht und
Lernprozesse aufnahmefähig noch für eine pädagogische Sozialver-
haltensförderung zugänglich und oft nicht einmal in der Lage, ruhige und konzentrierte Spiele durchzuführen, selbst wenn ihnen diese
Spaß machen. Internalisierende wie externalisierende Verhaltensstörungen wirken sich in emotionaler, kognitiver und verhaltens-
mäßiger Hinsicht ungünstig auf die Kinder und Jugendlichen aus.

Das hyperaktive und aggressive Kind beispielsweise ist emotional in der Hinsicht beeinträchtigt, daß es kaum in der Lage ist, Bedürfnisse aufzuschieben und abwarten zu können. Die Verhaltensweisen von Kindern mit diesen beiden Störungen sind häufig unüberlegt und impulsiv. Ängstliche Kinder können sich in einem Zustand befinden, der jegliche Formen kognitiven Lernens verunmöglicht, da sich die Angst als kognitive Hemmungsprozesse mit Interferenzerscheinungen äußern kann.

Entspannungsverfahren können nun nachweislich auf physiologischer wie psychischer Ebene positive Effekte bewirken. Über körperliche Reaktionen, durch Entspannung hervorgerufen, entstehen Empfindungen angenehmer Körperschwere, Wärme, ruhigen Atmens und insgesamt körperlichen Wohlbefindens (vgl. den Abschnitt 2.2). Darüber hinaus zeigen Entspannungsverfahren auch auf unterschiedlichen psychischen Ebenen positive Auswirkungen. So werden positive Gefühle durch die physiologischen Entspannungsreaktionen stimuliert, so daß beispielsweise ängstliche Gefühle oder Ärgerempfindungen in den Hintergrund rücken und stattdessen Gefühle des Ausgeglichenseins entstehen. Entspannung bedeutet Erregungsabbau und damit auch Abbau kognitiver Hemmungsprozesse, die bekanntermaßen Lern- und Gedächtnisprozesse erschweren. So sind nach einer gelungenen Entspannungsphase Ausgeruhtsein und geistige Frische die Folge, was wiederum günstigere Lernvoraussetzungen schafft.

Positive Effekte auf physiologischer und psychischer Ebene

Entspannungsverfahren dürfen auf keinen Fall dahingehend mißverstanden werden, daß sie Verhaltensstörungen bei Kindern und Jugendlichen reduzieren oder sogar abbauen. Entspannungstechniken sind unspezifische Vorgehensweisen, die kein wie auch immer geartetes Verhaltens- oder psychisches Problem beseitigen können. Sie sind jedoch äußerst wertvoll und hilfreich, wenn es darum geht, durch Angst, Aggression oder Hyperaktivität entstandene körperliche Erregung, motorische Unruhe und Gefühle der Angespanntheit abzubauen. Gelingt dies durch ein kind- oder jugendlichenangemessenes Verfahren, dann sind wichtige Voraussetzungen geschaffen, um das Kind einer weiteren Förderung zuzuführen. Erfolgreich durchgeführte Entspannungsverfahren stellen also die Voraussetzungen bereit, um mit Kindern erfolgreich lernen, spielen oder arbeiten zu können.

Um die große Bedeutung der Auswirkung von erfolgreich durchgeführten Entspannungsverfahren einschätzen zu können, werden im nächsten Kapitel neben dem Überblick über Standardtechniken der Entspannung die Wirkungsebenen von Entspannung ausführlich dargestellt.

2 Grundlagen von Entspannung

Das folgende Kapitel gibt einen Überblick über die Standardvorgehensweisen bei Entspannungsverfahren. Die Ebenen der Wirkungen von Entspannung mit ihren psychophysiologischen Zusammenhängen werden erläutert und teilweise für einzelne Entspannungsverfahren spezifisch dargestellt. Auf die Ansprechbarkeit von Entspannung, mögliche Entspannungstypen, Indikation und Kontraindikation von Entspannung wird eingegangen.

2.1 Überblick über Standardtechniken

Die erste, in unserem Kulturkreis bedeutende Entwicklung von Entspannungsverfahren geht auf das Jahr 1926 zurück. Von der Hypnose kommend versuchte J. H. SCHULTZ eine Technik zu entwickeln, die es Patienten ermöglichen sollte, selbständig, das heißt autonom, die positiven Effekte herbeizuführen, die sich bei der Anwendung von Hypnose einstellen. Sein aus diesem Anliegen heraus entwickeltes Verfahren war das Autogene Training. Seit diesen Jahren haben sich eine Reihe von Entspannungsverfahren herauskristallisiert und sind inzwischen hinsichtlich ihrer Wirksamkeit überprüft und auf empirisch fundierte Grundlagen gestellt worden (vgl. zur Geschichte der Entspannungsverfahren SCHOTT & WOLF-BRAUN, 1993).

Entspannungsreaktionen entstehen nicht aufgrund „zauberhafter" oder mystischer Vorgänge; vielmehr ist Entspannung ein natürlicher Vorgang, der biologisch angelegt ist. Er tritt je nach Person und äußeren Bedingungen unterschiedlich leicht sowie verschieden intensiv auf. Das bedeutet, daß sich manche Personen intuitiv entspannen; andere lernen, sich mit Hilfe eines Entspannungsverfahrens gezielt und selbstgesteuert zu entspannen. Ein nicht geringer Prozentsatz von Personen kann sich mit einem üblichen Entspannungsverfahren überhaupt nicht entspannen. Auch dieses Phänomen ist kein außergewöhnliches. Manche dieser Menschen haben statt dessen Wege und Rituale für sich entwickelt, um im Alltag zur Ruhe zu kommen, abzuschalten und zu entspannen. Solche Rituale können beispielsweise sein: Vertiefen in die Tageszeitung, Genießen eines Vollbades in der Badewanne oder auch ein Spaziergang im Wald, an einem See, am Strand.

J. H. SCHULTZ,
Berliner
Psychiater und
Neurologe

Autogenes
Training

Anspannung und Entspannung stellen jeweils ein Verhaltensmuster dar, welches durch verschiedene Dimensionen mit folgenden Polen charakterisierbar ist (vgl. Vaitl, 1993a):

Dimensionen von Entspannung

Erregung – Beruhigung
Anspannung – Gelöstheit
Unruhe – Ruhe
Unwohlsein – Wohlbefinden

Entspannungsreaktionen treten nicht wie durch ein Wunder dadurch ein, daß eine Person mit Entspannungsformeln instruiert wird; Entspannungszustände lassen sich vielmehr nur durch kontinuierliche Übungen über einen längeren Zeitraum herstellen und stabilisieren. Damit ist gemeint, daß es ausdauernder Übung bedarf, um mit Hilfe eines selbstgegebenen Signals schnell einen Entspannungszustand zu erreichen und über einen Zeitraum von mehreren Minuten oder *Training* Stunden aufrecht zu erhalten. Nur durch Training läßt sich aufgrund eines selbstgesetzten Reizes in verschiedensten Alltagssituationen eine Entspannungsreaktion auslösen. Dieser Sachverhalt gilt in besonderem Maße für Situationen im Alltag, die als belastend und streßauslösend wahrgenommen werden.

2.1.1   Das Autogene Training

Das bekannteste Entspannungsverfahren dürfte das **Autogene Training** mit seinen Unterstufenübungen sein. Die Formeln des Autogenen Trainings werden schrittweise einer Person vorgestellt, und diese wird darin angeleitet, sich selbst zu instruieren. Die Unterstufenübungen bestehen aus sechs Stufen. Die Standardformeln bzw. Instruktionen zu den einzelnen Übungsstufen gibt der Kasten auf Seite 31 wieder (vgl. auch Vaitl, 1993b).

Die Standard-Formeln des Autogenen Trainings wiederholt der Übende mehrmals im Geiste. Dabei ist von Bedeutung, daß dies mit *Passive Konzentration* passiver Konzentration geschieht. Ein Übender stellt sich die Formeln eher vor, als daß er sie aktiv im Geiste formuliert. Die Wiederholung der Formeln soll nicht zu direkt aufeinander folgen, sonst erhalten die Übungen einen leistungsorientierten Charakter und die passive Konzentration wird gestört. Zu lange Abstände zwischen den Instruktionen begünstigen hingegen das Einschlafen oder störende Gedanken, was ebenfalls nicht erwünscht ist. Häufigkeit und Abstände der Wiederholungen einer Formel müssen individuell abgestimmt werden. Die einzelnen Instruktionen werden anfangs nach wenigen Sekunden (15–30) wiederholt; diese Intervalle steigern sich mit zunehmendem Übungserfolg auf mehrere Minuten. Der

1.	**Schwere-Übung mit den Armen und Beinen**	Ziele und Standard-Formeln der sechs Unterstufenübungen des Autogenen Trainings.
Ziel:	Neuromuskuläre Entspannung der Willkürmotorik.	
Formeln:	Mein rechter Arm ist schwer!	

1.

Schwere-Übung mit den Armen und Beinen

Ziel: Neuromuskuläre Entspannung der Willkürmotorik.

Formeln: Mein rechter Arm ist schwer!
Mein linker Arm ist schwer!
Beide Arme sind schwer!
Mein rechtes Bein ist schwer!
Mein linkes Bein ist schwer!
Beide Beine sind schwer!

2.

Wärme-Übung mit den Armen und Beinen

Ziel: Wärmesensationen in den Extremitäten durch Gefäßerweiterung (Vasodilation).

Formeln: Mein rechter Arm ist warm!
Mein linker Arm ist warm!
Beide Arme sind warm!
Mein rechtes Bein ist warm!
Mein linkes Bein ist warm!
Beide Beine sind warm!

3.

Herz-Übung

Ziel: Verstärkung der psychophysiologischen Effekte der Schwere- und Wärme-Übungen.

Formel: Herz schlägt ruhig und gleichmäßig!

4.

Atem-Übung

Ziel: Sich dem spontanen Ein- und Ausatmungsrhythmus überlassen und Verstärkung von Schwere- und Wärme-Empfindungen.

Formel: Es atmet mich!
Oder:
Atem gleichmäßig und ruhig!

5.

Sonnengeflecht-Übung

Ziel: Erzeugung eines Wärmegefühls im Oberbauch

Formel: Sonnengeflecht strömend warm!
Oder:
Mein Bauch ist warm!

6.

Stirnkühle-Übung

Ziel: Empfindungen einer angenehm kühlen Stirn- und Gesichtsregion zum Entgegenwirken einer vasodilatatorischen Überreaktion.

Formel: Stirn angenehm kühl!
Oder:
Kopf leicht und klar!

Ziele und Standard-Formeln der sechs Unterstufenübungen des Autogenen Trainings.

Übungserfolg bezieht sich hinsichtlich der Länge der Übungsintervalle darauf, die passive Konzentration über einen gewissen Zeitraum aufrechterhalten zu können.

Beim Erlernen des Autogenen Trainings werden nicht alle sechs Unterstufenübungen auf einmal angewendet. Das Vorgehen erfolgt schrittweise, d. h. Stufe für Stufe. Erst wenn eine Stufe erfolgreich

Schrittweises Vorgehen

angewendet werden kann, wird zur nächsten übergegangen. So dauert es, je nach Übungshäufigkeit, mehrere Tage oder Wochen, bis die Unterstufenübungen komplett eingeübt sind. Pro Entspannungsphase können zwischen zehn und dreißig Minuten verwendet werden. Die Länge ist nicht von der Anzahl der angewendeten Unterstufenübungen abhängig. Vielmehr spielt die zur Verfügung stehende Zeit einerseits und die Fähigkeit, die passive Konzentration aufrechtzuerhalten, andererseits eine Rolle. Mit zunehmendem Übungserfolg stellen sich die psychophysiologischen Effekte immer deutlicher und schneller ein.

Die Standard-Formeln, die meist mit der rechten, körperdominanten Seite beginnen, müssen sich bei Linkshändern bei der Schwere- und Wärme-Übung zuerst auf den linken Arm und das linke Bein beziehen. Unterstützende Formeln lauten beispielsweise: „Ich bin ganz ruhig!". Sie werden sowohl zu Beginn der Entspannungsübung als auch beim Übergang von einer Unterstufen-Übung zur nächsten gegeben.

Rhythmus-Übungen Die Herz- und Atem-Übungen stellen sogenannte Rhythmus-Übungen dar. Ihr Ziel ist es nicht, eine physiologische Reaktionsveränderung herbeizuführen, im Gegensatz zur Schwere- und Wärme-Übung; vielmehr verfolgen sie das Ziel, körperliche Funktionsabläufe ruhig zu beobachten. Die Herz-Übung ist nicht unproblematisch, da sie zu paradoxen Effekten führen kann. Viele Personen machen mit ihr unangenehme Erfahrungen (49 %; vgl. Vaitl, 1993 b). Diese können z. B. in Herzfrequenz-Beschleunigungen, Schmerzerlebnissen oder Druckempfindungen in der linken Brust bestehen. Solch unangenehmen Erfahrungen heben die Effekte der Schwere- und Wärme-Übung auf. Wenn keine eindeutige Indikation für die Herz-Übung gegeben ist, sollte auf sie verzichtet werden.

Zurücknahme Nach jeder Entspannungsübung muß ein korrektes Zurücknehmen erfolgen. Das heißt, daß ein normales Aktivitätsniveau wieder hergestellt werden muß. Ansonsten können **vegetative Fehlregulationen** entstehen, wie Benommenheit, Übelkeit, Kopfdruck, Abgeschlagenheit, zu niedriger Blutdruck. Die Zurücknahme erfolgt immer in derselben Weise und Reihenfolge, nämlich:

1. Arm- und Beinmuskulatur durch Strecken und Recken anspannen;

2. Zwei- bis dreimal tief ein- und ausatmen;

3. Augen wieder öffnen.

Übung 1

1. Führen Sie täglich für acht Tage, jeweils zehn Minuten die Schwere- und Wärme-Übung durch. Beginnen Sie zuerst nur mit der Schwere-Übung für Arme und Beine. Nehmen Sie am vierten oder fünften Tag die Wärme-Übung der Arme und Beine hinzu.

2. Schreiben Sie jedesmal kurz Ihre Körperempfindungen, Gedanken und Gefühle nach der Entspannung auf.

3. Vergleichen Sie nach den acht Übungstagen Ihre Erfahrungen mit Hilfe Ihrer Protokolle. Finden Sie Gründe für gelungene Übungen und für Schwierigkeiten heraus.

Schwere- und Wärme-Übung

2.1.2 Die Progressive Muskelentspannung

Das sicherlich nächstbekannte Verfahren dürfte die **Progressive Muskelentspannung** darstellen. Bei der Progressiven Muskelentspannung geht es um ein Verfahren, das fremdinstruktiv eingeübt wird. Das bedeutet, ein Experte leitet eine Person in diesem Entspannungsverfahren an und übt es mit ihr schrittweise ein. Ziel bleibt es jedoch, daß die Person lernt, sich selbstinstruktiv mit Hilfe der Progressiven Muskelentspannung in einen Entspannungszustand zu versetzen. Die Progressive Muskelentspannung ist ein aktives und in der klassischen Version nach JACOBSON kein suggestives Verfahren. Es basiert darauf, daß einzelne Muskelgruppen von der Stirn über Arme, Rumpf und Beine systematisch angespannt und dann wieder losgelassen werden. Dadurch entsteht ein Kontrasteffekt, der dem Übenden verdeutlicht, was der Unterschied zwischen angespannter und entspannter Muskulatur ist. Im Fortgeschrittenenstadium der Übung soll eine Sensibilisierung erreicht werden, die eine Person in die Lage versetzt zu erkennen, welche Muskelgruppen in ihrem Körper unnötig angespannt sind. Diese sollten dann entspannt werden.

Eine Reihe körperlicher Übungen werden bei der Progressiven Muskelentspannung durchgeführt, um An- und Entspannung im Kontrast zu empfinden. Beispielsweise werden nacheinander die Arme angewinkelt, die Hände zu einer Faust geballt und fest zugedrückt, um dadurch die Muskeln im Unter- und Oberarm anzuspannen. Nach einigen Sekunden fester Anspannung wird die Faust wieder gelöst, der Arm wieder gerade gerichtet und – im Falle des Sitzens – zum Ruhen auf den Oberschenkel gelegt.

körperliche Übungen

Die Progressive Muskelentspannung geht auf JACOBSON zurück, der diese Entspannungsmethode 1929 vorstellte. Die von ihm entwickelte Form der Progressiven Muskelentspannung ist sehr aufwendig.

E. JACOBSON, amerik. Physiologe

Später wurden eine Reihe von Übungsformen zusammengestellt, z. B. von WOLPE, von ÖST oder von BERNSTEIN und BORKOVEC, die weniger aufwendig sind. Dadurch entstand eine große Methodenvielfalt, das heißt, die Induktionstechniken unterscheiden sich mehr oder weniger; und manchmal scheint nur noch der Name „Progressive Muskelentspannung" das Verbindende zwischen den Entspannungsvarianten zu sein (vgl. HAMM, 1993). Dies hat nicht unerhebliche Konsequenzen, wenn es in Studien darum geht, die Effektivität von Progressiver Muskelentspannung nachzuweisen. So brauchen sich widersprechende Ergebnisse nicht zu verwundern. Mit HAMM (1993, S. 253) ist eine Standardisierung der zentralen Durchführungsvariablen zu fordern, und zwar bezüglich:

• suggestiver Entspannungsinstruktionen,
• Stärke der Muskelanspannung,
• Dauer von An- und Entspannungszyklen,
• Art, Anzahl und Abfolge der zu trainierenden Muskelgruppen,
• notwendiger Trainingsaufwand.

Im Abschnitt 4.1.2 wird eine Version der Progressiven Muskelentspannung für Jugendliche ausführlich vorgestellt, die sich teils an den Vorstellungen von JACOBSON (1990), teils an denen von BERNSTEIN und BORKOVEC (1990) orientiert.

2.1.3   Weitere Entspannungstechniken

Weitere für Erwachsene geeignete Entspannungsverfahren sind die Hypnose, die Meditation oder das Biofeedback. Spezielle Techniken für Kinder stellen die Kapitän-Nemo-Geschichten oder beispielsweise das Schildkröten-Phantasie-Verfahren dar. Die beiden letztgenannten Verfahren werden ausführlich in den Abschnitten 4.2.1 und 4.1.1 erläutert. Eine abschließende Tabelle gibt noch einmal einen Überblick über die Klassifikation von Entspannungsinstruktion und der Entspannungsreaktion. Die **Entspannungsinstruktion** kann sich die entspannende Person selbst geben (**selbstinstruktiv**) oder von einer fremden Person selbst gegeben werden (**fremdinstruktiv**). Weiterhin kann die Entspannungsinstruktion in eine **aktive** oder **passive** eingeteilt werden. **Entspannungsreaktionen** werden in **physische** und **psychische** getrennt. Die Tabelle gibt an, welche der genannten Klassifikationskriterien bei welchem Entspannungsverfahren vorliegen (vgl. auch VAITL, 1993a, S. 25f.).

Tabelle 6: Klassifikation der Entspannungsverfahren
(modifiziert nach VAITL, 1993, S. 26).

Entspannungs-verfahren	Art der Entspannungs-instruktion		Entspannungs-reaktion			
	selbstin-struktiv	fremdin-struktiv	aktiv	passiv	physisch	psychisch
Hypnose	−	++	−	+	+	+
Autogenes Training	++	−	−	+	++	−
Meditation	++	−	−	+	+	+
Progressive Muskel-entspannung	+	+	+	−	++	−
Biofeedback	−	−	+	−	++	−
Kapitän-Nemo-Geschichten für Kinder	−	++	+	+	++	+
Schildkröten-Phantasie-Verfahren für Kinder	+	+	+	−	+	−

Es bedeuten: + vorhanden
++ deutlich ausgeprägt
− fehlt oder nur schwach ausgeprägt

2.2 Ebenen der Wirkung von Entspannung

Entspannungsreaktionen lassen sich auf zwei Ebenen manifestieren: Auf der physiologischen und der psychischen Ebene. Unabhängig von den angewendeten Entspannungsverfahren treten die Entspannungsreaktionen auf beiden Ebenen ein.
Fünf Kennzeichen körperlicher Entspannungsreaktionen lassen sich unterscheiden. Sie werden hinsichtlich ihrer Phänomene und physiologischen Zusammenhänge beschrieben; soweit möglich, werden unterstützende Bedingungen genannt und ein Bezug zu einzelnen Entspannungsverfahren hergestellt, in der Regel das Autogene Training und die Progressive Muskelentspannung. Die Ausführungen orientieren sich an den grundlegenden und sehr differenzierten Dar-

stellungen von VAITL (1993 a). Die Kennzeichen physischer Entspannungsreaktionen sind:

- Neuromuskuläre Veränderungen
- Kardiovaskuläre Veränderungen
- Respiratorische Veränderungen
- Elektrodermale Veränderungen
- Zentralnervöse Veränderungen

2.2.1 Physiologische Ebene: Neuromuskuläre Veränderungen

Neuromuskuläre Veränderungen betreffen den Spannungszustand (Tonus) der Skelettmuskulatur. Bei der Anwendung eines Entspannungsverfahrens wird der Spannungszustand reduziert. Das bedeutet, daß die Stützmotorik – also die Arm-, Bein- und Rumpfmuskulatur – erschlafft. Neuromuskuläre Veränderungen werden dadurch hervorgerufen und unterstützt, daß bei der Durchführung der Entspannung die Reize auf das motorische System reduziert oder sogar möglichst ausgeschaltet werden; dadurch werden die afferenten Signale der Stützmotorik stark vermindert. Afferente Signale sind Reize einzelner Organe bzw. Körperteile, die zum Zentralnervensystem aufsteigen und dort weiterverarbeitet werden. Durch die ausbleibenden aufsteigenden Signale gelangen also nur noch wenige Impulse zum Gehirn. Dies bewirkt wiederum eine Reduktion der **efferenten Signale**, d. h. der Reize, die vom Gehirn zu den einzelnen Organen gerichtet sind. So führen verminderte efferente (absteigende) Reize dazu, daß die Spannung in der Bein-, Arm- und Rumpfmuskulatur zusätzlich reduziert wird. Es liegt also ein Kreislauf vor, der dadurch in Gang gesetzt wird, daß äußere Reize auf das motorische System ausgeschaltet werden, wodurch dämpfende körperinterne Einflüsse verstärkt werden und somit insgesamt die Neuromuskuläre Aktivität vermindert wird. Im Elektromyogramm **(EMG)** ist zu erkennen, daß die Amplitude bzw. Frequenz der EMG-Signale abnehmen, und zwar nehmen die aktiven **motorischen Einheiten** zahlenmäßig ab und die Entladungsfrequenz der **Motoneurone** verringert sich. Der folgende Kasten gibt eine Erklärung einer motorischen Einheit.

Motorische Einheit
Sie besteht aus einem **Motoneuron**, einem **Axon** und einer **Synapse**.
Ein **Motoneuron** stellt eine periphere motorische Nervenzelle des Rückenmarks dar.
Ein **Axon** liegt in einer Nervenfaser und verbindet ein Motoneuron, also eine Nervenzelle mit anderen Zellen, z. B. Muskelzellen. Die Verbindung selbst wird über eine **Synapse** hergestellt, welche die biochemische Reizübertragung zwischen einem Axon und einer Muskelzelle ermöglicht.

Externe Einflüsse auf das motorische System werden durch folgende Aspekte minimiert:
Die beste Körperstellung für einen Entspannungsprozeß besteht im Liegen. Dadurch wird die gesamte Stützmotorik entlastet und die afferenten (zum Gehirn aufsteigenden) Signale werden reduziert. Dies führt wiederum – wie bereits ausgeführt – zur Verminderung der efferenten (absteigenden) Impulse zu den Organen und reduziert zusätzlich die Spannung in der Bein-, Arm- und Rumpfmuskulatur. Eine Muskeltonusreduzierung kann auch in einer sitzenden Position herbeigeführt werden, sofern die Sitzposition richtig ausgeführt wird. Es bleibt jedoch höchstwahrscheinlich eine „neurologische Restaktivität" bestehen.

Besteht in einem Entspannungsraum zu grelles Licht und dringt in diesen Raum Lärm, z. B. Musik aus einem Nachbarzimmer oder starker Straßenverkehr, oder erfolgen unerwartete Berührungen während der Durchführung der Entspannung, dann führen diese externen Reize zu Körperreaktionen, die einer Schreckreaktion analog sind. Solche Stimuli wirken auf die **formatio reticularis**; sie stellt die Schaltzentrale im Gehirn dar, in der die afferenten (aufsteigenden) in efferente (absteigende) Impulse umgewandelt werden. Eine stimulierte formatio reticularis erhöht z. B. die Wachsamkeit und hebt den Muskeltonus gerade in der motorischen Peripherie (Arme und Beine) deutlich an.

Geeignete Körperstellung

Ausschalten taktiler, optischer und akustischer Reize

Übung 2

1. Stehen Sie auf und laufen Sie ca. eine Minute in mittlerem Tempo im Raum umher; setzen Sie sich zwischendurch und stehen Sie wieder auf – ca. zweimal.

2. Legen Sie sich auf eine Unterlage, und zwar auf den Rücken; die Arme ruhen neben dem Körper, die Beine liegen nebeneinander und die Füße fallen auseinander; der Kopf wird durch ein Kissen oder ähnliches gestützt. Die Augen werden geschlossen. Bleiben Sie für fünf Minuten in dieser Lage, sprechen nicht und konzentrieren sich auf nichts, außer in lockerer Form auf Ihren Körper. Schalten Sie zu Beginn der Übung alle taktilen, optischen und akustischen Reize aus.

3. Nachdem Sie sich fünf Minuten in dieser Körperstellung befanden, strecken Sie Ihre Arme und Beine, atmen dreimal tief ein und aus und öffnen die Augen. Setzen Sie sich langsam auf.

4. Versuchen Sie zu erkennen, ob Ihre Muskelspannung, besonders in Armen und Beinen, abnahm.

5. Führen Sie Punkt 1 und 2 noch einmal aus. Lassen Sie während der Durchführung von Punkt 2 helles Licht brennen und im Hintergrund lebhafte, schnelle Musik spielen.

6. Führen Sie Punkt 3 und 4 aus.

2.2.2 Physiologische Ebene: Kardiovaskuläre Veränderungen

Diese bestehen aus drei Effekten, nämlich in der peripheren Gefäßerweiterung (Vasodilatation), in der Abnahme der Herzrate sowie in der Blutdrucksenkung.

Die **Periphere Gefäßerweiterung** empfindet der sich Entspannende als Kribbeln und Kitzeln vor allem in den Händen und Armen sowie in den Füßen und Beinen. Diese Wärme-Sensationen (Wärme-Empfindungen) werden entweder durch gezielte Instruktionen ausgelöst, wie dies beim Autogenen Training durch die Wärme-Instruktion der Fall ist; sie können aber auch spontan auftreten, wie beispielsweise bei der Progressiven Muskelentspannung. Die Wärme-Sensationen sind zu Beginn von Entspannungsübungen keine konstanten und stabilen Phänomene; das bedeutet, daß einerseits die Intensität der Wärme-Empfindungen schwanken kann sowie andererseits die Regionen der Arme und Beine, in denen die Wärme-Sensationen wahrgenommen werden, wechseln können. Auch gibt es Unter-

schiede im Wärme-Empfinden in den Fingern und Zehen. Maximale Wärme wird in den Fingern ungefähr nach vier bis fünf Minuten
des Übungsbeginns erlebt; bei den Zehen tritt der maximale Wärme-
Anstieg nach ca. fünf bis sieben Minuten ein. Dies hängt damit
zusammen, daß die Hautkapillarisierung in den Händen stärker ausgeprägt ist als in den Füßen, daß zudem die Zehen stärker verhornt
sind und schließlich unsere Hände gegenüber unseren Füßen dominanter kortikal repräsentiert, also dominanter neurologisch in unserem Gehirn abgebildet sind.

Körperliche Wärme-Sensationen, besonders in den Extremitäten,
sind ein sicheres Zeichen für körperliche Entspannung. Der physiologische Zusammenhang besteht in einem vermehrten Blutfluß in
den Hauptgefäßen der Extremitäten. Der vermehrte Blutfluß kommt
wiederum durch eine Gefäßerweiterung zustande. Eine natürliche
Gefäßerweiterung (**Vasodilatation**) oder Gefäßverengung (**Vasokonstriktion**) wird durch die Umgebungstemperatur reguliert. Die
Umgebungstemperatur verändert den Durchmesser der Shunts.
Shunts sind der Zusammenschluß der arteriellen und venösen Blutgefäße. An diesen Shunts wird die Blutzufuhr reguliert. Steigt die
Umgebungstemperatur an, so erfolgt reflexartig eine Vasodilatation.
Eine Abkühlung der Außentemperatur führt zum reflexhaften Ver-
schluß der Shunts durch einen gesteigerten Arteriolentonus. Das
heißt, daß eine erhöhte Muskelspannung der arteriellen Blutgefäße
zu einer peripheren Vasokonstriktion führt. So erfolgt in Abhängigkeit der Außentemperatur die Abkühlung oder Erwärmung unseres
Körpers.

Die periphere Gefäßerweiterung, die durch Entspannungsverfahren
ausgelöst wird, stellt wahrscheinlich das Ergebnis von Lernprozes-
sen dar; bei dem Lernprozeß handelt es sich um eine klassisch konditionierte Reaktion. Das bedeutet, daß durch einen konditionierten
Reiz ein Entspannungszustand hervorgerufen wird; ein solcher Reiz
kann z. B. in einer spezifischen Körperhaltung, einer Entspannungs-
Selbstinstruktion oder aus einem bestimmten Bild bestehen. Liegt ein
gelungener Lernprozeß vor, so sind die Gefäßerweiterungen und der
erhöhte Blutfluß in den verschiedensten Situationen des Alltags aus-
lösbar. Das heißt, sie stehen unter Stimuluskontrolle. Das Ausmaß
der Stimuluskontrolle hängt vom Übungsfortschritt ab. Also: Eine
bestimmte Körperstellung kann bei entsprechender Übung immer
schneller und zuverlässiger die Vasodilatation auslösen. Dieser Sachverhalt wird noch einmal im folgenden Kasten am Beispiel der
Wärme-Übung des Autogenen Trainings verdeutlicht.

Gefäßerweite-
rung = Vasodila-
tation

Gefäßverengung
= Vasokonstrik-
tion

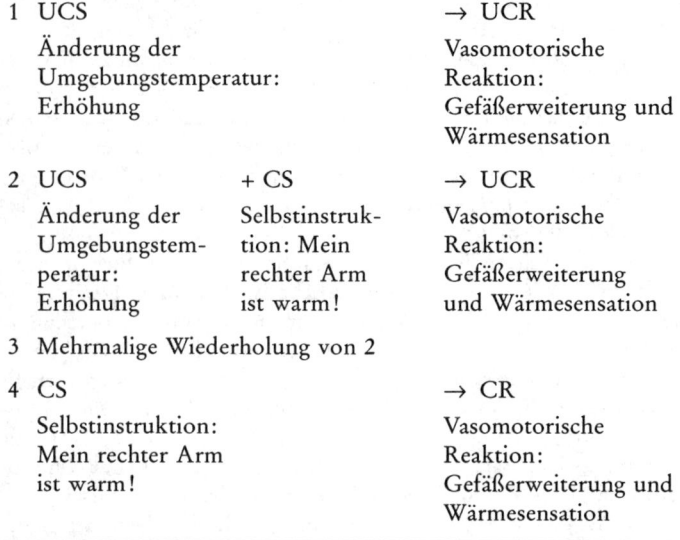

1	UCS		→	UCR
	Änderung der Umgebungstemperatur: Erhöhung			Vasomotorische Reaktion: Gefäßerweiterung und Wärmesensation

2	UCS	+ CS	→	UCR
	Änderung der Umgebungstemperatur: Erhöhung	Selbstinstruktion: Mein rechter Arm ist warm!		Vasomotorische Reaktion: Gefäßerweiterung und Wärmesensation

3 Mehrmalige Wiederholung von 2

4	CS	→	CR
	Selbstinstruktion: Mein rechter Arm ist warm!		Vasomotorische Reaktion: Gefäßerweiterung und Wärmesensation

Die Abkürzungen bedeuten:
UCS: unconditioned stimulus (unkonditionierter Reiz)
UCR: unconditioned reflex (unkonditionierte Reaktion)
CS: conditioned stimulus (konditionierter Reiz)
CR: conditioned reflex (konditionierte Reaktion)

Die periphere Gefäßerweiterung kann unterstützt werden, indem bei Entspannungsbeginn eine angenehme Umgebungstemperatur hergestellt wird. Diese vasomotorischen Reaktionen können auch durch geeignete Vorstellungsbilder unterstützt werden. Die Vorstellung, daß die Hand im warmen Wasser liegt, kann dazu führen, daß eine Gefäßerweiterung eintritt. Schließlich helfen wieder Erklärungen dem Übenden, die Entspannungsreaktionen besser zu verstehen, wodurch Bedrohlichkeit aufgelöst oder verhindert werden kann. Beispielsweise hilft die Aufklärung, Fehldeutungen zu verhindern.

Solche Fehldeutungen sind: Das Kribbeln und Kitzeln in den Extremitäten wird als Einschlafen von Händen und Füßen mißverstanden. Manchmal werden Hände und Füße auch als angeschwollen und überdimensional groß erlebt, was als unangenehm empfunden werden kann. Dieses kommt durch die Zunahme des Blutflusses zustande und es kann in der Tat eine leichte Verdickung der Finger auftreten. Das Verständnis dieses physiologischen Vorgangs nimmt diesem in der Regel den bedrohlichen Charakter.

Übung 3

1. Legen Sie sich wie in Übung 2 fünf Minuten auf den Boden, und zwar in eine Decke eingehüllt; denken Sie an nichts Spezifisches und sprechen Sie in Gedanken fünf- bis zehnmal zu sich: „Ich bin ganz ruhig!"

2. Holen Sie sich wie in Übung 2 beschrieben zurück und setzen sich langsam auf.

3. Reflektieren Sie die Körperempfindungen im Vergleich zur Übung 2:
   - Haben Sie Schwere- und Wärmesensationen in Armen und Beinen erlebt?
   - Waren Sie intensiver als bei Übung 2 (S. 38)
   - Gab es im Schwere- und Wärme-Empfinden zwischen Armen und Beinen Unterschiede?

4. Führen Sie die gleiche Übung ohne Decke durch. Stellen Sie sich zusätzlich zur Instruktion „Ich bin ganz ruhig" vor, daß Sie in einer Badewanne mit warmen Wasser liegen.

5. Überlegen Sie:
   - Hatten Sie Schwere- und Wärme-Sensationen in Armen und Beinen?
   - Unterscheiden sich diese Körperempfindungen im Vergleich zum ersten Teil der Übung 3?
   - Hatten Sie sonstige Körperempfindungen?

Übung zu Körperempfindungen

Vasomotorische Reaktionen verlaufen in charakteristischer Weise, wie Untersuchungen zur Schwere- und Wärme-Übung des Autogenen Trainings zeigen konnten. Vier Phasen werden während einer Entspannungsübung nach dem Autogenen Training durchlaufen:

Verlauf der vasomotorischen Reaktionen

Phase 1 – Initialphase
Die Initialphase findet zu Übungsbeginn statt. Sie ist mit einer Vasokonstriktion und damit mit einem Wärme-Abfall verbunden.

Phase 2 – Hauptreaktion
Sie umfaßt die längste Phase des Entspannungsverlaufs und ist durch den Anstieg der Vasodilatation und in der Folge davon der Wärme-Sensation charakterisiert. Sie erreicht ein vom Ausgangswert vasomotorischer Reaktionen deutlich unterscheidbares Niveau und bleibt je nach Übung für eine gewisse Zeit erhalten.

Phase 3 – Schlußzacke

Sie ist ein kurzfristiger Abfall der Wärme-Empfindungen, ausgelöst durch eine Vasokonstriktion. Diese hängt wahrscheinlich wiederum mit der Zurücknahme am Ende der Entspannungsübung zusammen, die mit einer rascheren Atmung verbunden ist.

Phase 4 – Nachreaktion

Die Nachreaktion zeigt wieder einen Anstieg der Vasodilatation und Wärme-Empfindungen an und bleibt eine Weile auf dem Niveau der Hauptreaktion erhalten.

Abbildung 3 zeigt diesen charakteristischen Verlauf vasomotorischer Reaktionen in graphischer Weise noch einmal auf. Er wird anhand des Autogenen Trainings verdeutlicht (vgl. VAITL, 1993a, S. 40 und VAITL, 1993b, S. 180).

Ein weiteres kardiovaskuläres Phänomen, welches durch Entspannung ausgelöst werden kann, besteht darin, daß sich der Pulsschlag

Herzrate

verlangsamt. Das bedeutet, daß sich die Herzrate erniedrigt, also die Anzahl der Herzschläge pro Minute. Vielfach ist nur eine geringe Verlangsamung des Pulsschlages im Rahmen eines Entspannungsgeschehens feststellbar. Durchschnittlich fällt die Herzrate nur wenige Schläge unter das individuelle Ausgangsniveau, nämlich circa fünf bis acht Herzschläge.

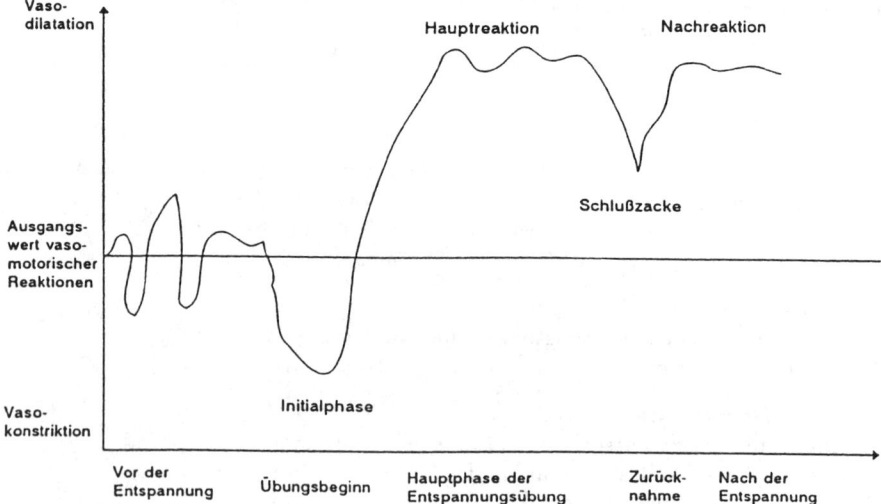

Abbildung 3: Charakteristischer Verlauf vasomotorischer Reaktionen während der Schwere- und Wärme-Übung des Autogenen Trainings (modifiziert nach VAITL, 1993a, S. 40).

Die Herzrate ist ein Indikator für Aktivierungsprozesse. Aktivierung tritt besonders bei physischen Belastungen auf, aber auch bei emotionaler und mentaler Beanspruchung. Die Herzrate sinkt allein schon dann, wenn körperliche bzw. emotionale oder kognitive Belastung nicht gegeben ist. Deshalb unterstützt eine angemessene Körperposition, in der sich der Körper in Ruhe befindet, das Entspannungsgeschehen. Dies bedeutet jedoch zugleich, daß die Herzrate kein eindeutiger Indikator für Entspannung darstellt.

Übung 4

1. Für diese Übung benötigen Sie einen Partner. Legen Sie fest, wer zuerst aktiv ist und mit Teil 2 und 3 fortfährt! Der inaktive Partner mißt dem aktiven den Puls. Dazu benötigen sie eine Uhr mit Sekundenzeiger. Der inaktive Partner legt Zeige-, Mittel- und Ringfinger seiner Hand auf die Innenseite des linken Handgelenks des aktiven Partners und sucht den Pulsschlag. Spürt er ihn, so beginnt er mit Blick auf die Uhr für eine Minute die Schläge zu zählen. Erleichternd ist, nur 15 Sekunden zu zählen und die Pulsschläge mit vier zu multiplizieren. Die Pulsschläge liegen im normalen Zustand ungefähr zwischen 65 und 75 pro Minute, ausgenommen der Ruhepuls, der bei ca. 60 Schlägen pro Minute liegt, und der Puls bei körperlicher und psychischer Anstrengung, der deutlich über 75 Schläge pro Minute hinausgehen kann. Die gemessenen Pulsschläge werden notiert:

   t 1 = normaler Zustand: ___ Schläge/Minute

2. Laufen Sie (aktiver Partner) wie in Übung 2 durch den Raum! Der inaktive Partner mißt die Pulsschläge pro Minute und schreibt sie auf.

   t 2 = körperliche Anstrengung: ___ Schläge/Minute

3. Der aktive Partner legt sich nun auf den Boden (vgl. Übung 2) und erhält vom inaktiven Partner die Instruktionen der Schwere- und Wärme-Übung aus dem Autogenen Training leise vorgesprochen; zuerst für ca. fünf Minuten die Schwere-Übung für Arme und Beine; dann für ca. fünf Minuten die Wärme-Übung für Arme und Beine (vgl. 2.2.1). Die Schwere- und Wärme-Instruktionen werden in ruhiger, leiser Tonlage sowie in langsamem Tempo gesprochen.

4. Vor der Zurücknahme mißt der inaktive Partner den Puls des sich entspannenden Partners.

   t 3 = Ruhe-/Entspannungszustand: ___ Schläge/Minute

5. Es erfolgt dann die Zurücknahme und langsames Aufsetzen mit letzter Pulsmessung nach ca. einer Minute.

   t 4 = normaler Zustand: ___ Schläge/Minute

Übung zur Veränderung der Herzrate

Blutdruck

Ein gelungener Entspannungsprozeß geht mit einer Blutdrucksenkung einher; und zwar nimmt der arterielle Blutdruck durch Entspannung sowohl bei Personen mit normalem als auch bei solchen mit erhöhtem Blutdruck ab.
Der arterielle Blutdruck ist, wie die Herzrate, eng mit Aktivierungsprozessen gekoppelt. Körperliche Aktivität sowie emotionale oder kognitive Anforderung bzw. Belastung steigern den Blutdruck. Durch ein Entspannungsverfahren wird die Sympathikus-Aktivität des autonomen Nervensystems gedämpft. Das sympathische Nervensystem ist für viele körperliche Aktivierungen verantwortlich, wie die Steigerung von Puls- und Atemfrequenz, Pupillenerweiterung oder Schweißabsonderung sowie die Erhöhung des Blutdrucks; Sympathikusaktivitäten sind entscheidend dafür verantwortlich, daß der Organismus in eine erhöhte Leistungsfähigkeit versetzt wird.

Dämpfung des sympathischen Nervensystems

Eine **Dämpfung des sympathischen Nervensystems** wirkt sich in zweierlei Hinsicht aus:

1. Der **periphere Gefäßwiderstand** nimmt ab, da sich die Gefäße durch Entspannung erweitern.

2. Das **Herzminutenvolumen** sinkt. Das heißt, die vom Herzen in einer Minute ausgeworfene Blutmenge nimmt ab. Dies steht wieder im Zusammenhang mit der Herzrate, die durch Entspannung sinkt, sowie mit dem Schlagvolumen. Das Schlagvolumen bezieht sich auf die Blutmenge, die jedes Mal dann ausgeworfen wird, wenn sich das Herz zusammenzieht.

Sowohl die Vasodilatation als auch das verminderte Herzminutenvolumen führen zu einer arteriellen Blutdrucksenkung. Welches der beiden Systeme deutlicher beteiligt ist, hängt vom angewendeten Entspannungsverfahren ab.
Die Anwendung des Autogenen Trainings mit dem Ziel, einen erhöhten Blutdruck zu senken, hat sich besonders bewährt. Kombinierte Verfahren, wie z. B. Biofeedback und Progressive Muskelentspannung, können ebenfalls bei der Senkung eines erhöhten Blutdruckes hilfreich sein. Alle Studien, die eine erfolgreiche Blutdrucksenkung nachweisen, zeigen ein gemeinsames Ergebnis: Eine Blutdrucksenkung ist nur dann erreichbar, wenn ein Entspannungstraining über mehrere Monate konsequent und systematisch durchgeführt wird.

2.2.3   Physiologische Ebene: Respiratorische Veränderungen

Äußere Kennzeichen einer veränderten Atemtätigkeit bestehen darin, daß die Atmung insgesamt flacher und gleichmäßiger wird.

Das bedeutet, daß das Atemzugvolumen geringer wird und die Atemfrequenz abnimmt. Weiter kann beobachtet werden, daß die abdominelle Atmung (Bauchatmung) zunimmt und die thorakale Atmung (Zwerchfellatmung) hingegen weniger häufig auftritt. Auch der Atemzyklus selbst verändert sich, und zwar treten relativ lange Pausen zwischen der Ein- und Ausatmung ein. Respiratorische Veränderungen treten schon frühzeitig im Entspannungsgeschehen auf, beim Autogenen Training z. B. sind die Effekte schon bei der Schwere- und Wärme-Übung feststellbar. Die Atemübung des Autogenen Trainings führt nur noch zu geringfügigen Veränderungen.

Wie bei den kardiovaskulären Veränderungen wird auch die respiratorische Veränderung durch das Vorhandensein oder die Abnahme körperlicher Belastung bzw. emotionaler und mentaler Beanspruchung gesteuert. Bereits durch körperliche Ruhe und fehlende Betätigung gehen die Atemfrequenz und das Atemzugvolumen zurück. Die empirischen Befunde zeigen, daß die Veränderungen der Atmung durch Entspannung nicht oder nicht wesentlich über die durch Ruhe erzeugten hinausgehen. Dies zeigt sich unabhängig von dem eingesetzten Entspannungsverfahren.

2.2.4 Physiologische Ebene: Elektrodermale Veränderungen

Elektrodermale Veränderungen stellen Hautreaktionen dar. Sie bestehen darin, daß sich die elektrischen Eigenschaften der Haut je nach Aktivierungs- bzw. Entspannungsgrad verändern. Die neurologische Steuerung erfolgt ausschließlich über das sympathische Nervensystem, durch das die Schweißdrüsen-Aktivität angeregt wird; bei Dämpfung der Sympathikus-Aktivität geht auch die Schweißdrüsen-Sekretion deutlich zurück. Von der Schweißdrüsen-Aktivität hängt die elektrische Leitfähigkeit der Haut ab. Ist die Sympathikus-Aktivität durch Entspannung gedämpft, so nimmt die Hautleitfähigkeit ab, da die Schweißdrüsen-Sekretion zurückgegangen ist.

Solche elektrodermalen Veränderungen werden häufig als Indikatoren in Studien verwendet, um den Aktivierungs- bzw. Entspannungsgrad anzuzeigen. Dabei wird entweder der Hautwiderstand oder die Hautleitfähigkeit gemessen.

In Untersuchungen zu Effekten des Autogenen Trainings ist überwiegend ein kontinuierlicher Anstieg des Hautwiderstandes feststellbar; die elektrodermalen Reaktionen fallen also schwach aus. Für die Progressive Muskelentspannung liegen wenige Ergebnisse vor; diese weisen jedoch auf eine deutlich gesenkte Hautleitfähigkeit hin.

2.2.5 Physiologische Ebene: Zentralnervöse Veränderungen

Ein Entspannungsgeschehen führt zu zentralnervösen, d. h. hirnelektrischen Veränderungen. Hirnelektrische Aktivitäten erlauben
Aussagen über das Ausmaß, in dem die Großhirnrinde aktiviert ist.
In diesem Zusammenhang sind Rückschlüsse auf den Wachheitsgrad
einer Person möglich. Hirnelektrische Aktivitäten geben differenziert Auskunft über verschiedene Abstufungen von Wachheit. Es lassen sich Zustände von hoher Konzentration und Aufmerksamkeit
über Passivität bis hin zu Einschlafphasen und Schlafstadien unterscheiden. Das Ausmaß zentralnervöser Veränderungen stellt den
besten Indikator für einen Entspannungszustand dar, und zwar im
Vergleich zu den bisher besprochenen psychophysiologischen
Maßen.

EEG Um Erregungsprozesse in der Hirnrinde zu bestimmen, wird das
Elektroenzephalogramm (EEG) als häufigstes Verfahren verwendet.
Mit dem Elektroenzephalogramm werden die elektrischen Potential-
schwankungen, die an der Schädeloberfläche auftreten, registriert.
Solche Messungen von zentralnervösen Aktivitäten erlauben selbst-
verständlich keine Auskunft über Gedanken, Vorstellungen oder
Gefühle eines Menschen.

Das EEG kennt drei Erscheinungsbilder hirnelektrischer Aktivitäten:
1. **Spontanaktivität.** Spontanaktivitäten laufen an der Schädeloberfläche ab und bestehen aus ununterbrochenen elektrischen
Potentialschwankungen. Potentialschwankungen unterscheiden
sich hinsichtlich ihrer Amplitude und Frequenz. Die Amplitude
(Schwingungsweite) zeigt den jeweils größten Wert einer peri-
odisch sich verändernden Größe an; die Frequenz gibt Auskunft
über die Anzahl der Schwingungen in einer Sekunde. Durch diese
Potentialschwankungen hinsichtlich Amplitude und Frequenz
ergeben sich Muster von rhythmischen hirnelektrischen Aktivitäten, die wiederum das Ausmaß der Aktiviertheit der
Großhirnrinde anzeigen. Die Messung von hirnelektrischen Veränderungen beim Einsatz von Entspannungsverfahren bezieht
sich immer auf die Spontanaktivitäten an der Schädeloberfläche
(vgl. BIRBAUMER & SCHMIDT, 1990; SCHANDRY, 1981; VAITL,
1993a).
2. **Evozierte Aktivität.** Damit sind hirnelektrische Veränderungen
gemeint, die durch externe Reize ausgelöst wurden. Die Stimulation kann über akustische, visuelle, taktile oder olfaktorische (den
Geruchssinn betreffende) Reize erfolgen. Die Potentialverände-
rungen erfolgen prompt nach etwa 500 Millisekunden, weswegen
evozierte Aktivitäten auch ereigniskorrelierte Potentiale genannt

werden. Diese sind jedoch zum Nachweis von Entspannungsreaktionen nicht geeignet, da Entspannungsaufbau und Stimulation, welche für evozierte Aktivitäten nötig sind, Antagonisten
darstellen und sich ausschließen.

3. **Hirnstamm-Potentiale.** Sie beziehen sich auf typische Potential-
muster an der Schädeloberfläche und werden ebenfalls durch
Reize ausgelöst. Hirnstamm-Potentiale erlauben es, die synapti-
schen Stationen von elektrischen Reizübertragungen zu verfolgen. Aus den gleichen Gründen wie die evozierte Aktivität sind
sie nicht im Rahmen von Entspannungsuntersuchungen geeignet,
als Maß für ein Entspannungsgeschehen herangezogen zu werden.

Die für Entspannungsprozesse aussagekräftigen Spontanaktivitäten
weisen im EEG charakteristische Potentialschwankungen (Wellenformen) auf. Die vier wichtigsten Potentialtypen des Spontan-EEGs
werden mit Alpha-, Beta-, Theta- und Delta-Wellen bezeichnet. Der
Kasten auf Seite 48 gibt einen Textausschnitt aus VAITL (1993 a, S. 50)
wieder, in dem diese vier Potentialtypen beschrieben sind.

Aus Abbildung 4 ist der charakteristische Verlauf der Potentialschwankungen (Wellenformen) ersichtlich.

Untersuchungen über den Einfluß des Autogenen Trainings auf den
Aktiviertheitsgrad des Gehirns ergaben, daß Alpha-Wellen als Zeichen für einen entspannten Wachzustand auftraten. Die Höhen der
Amplituden unterscheiden sich in Abhängigkeit der Trainingsdauer
mit dem Autogenen Training. Eine Trainingsdauer unter sechs
Wochen wird als Kurzzeit-Training definiert, und eine Trainingszeit
über sechs Wochen wird einem Langzeit-Training zugeordnet. Der
einzige Unterschied zwischen Kurzzeit- und Langzeit-Trainierten
scheint darin zu bestehen, daß Kurzzeit-Trainierte eher auch Theta-
Wellen aufweisen, welche den Übergang zum Einschlafen kenn-
zeichnen. Die beobachteten Theta-Wellen gingen mit Schwere-
Sensationen einher, über die die Kurzzeit-Trainierten berichten. Ein
weiterer Unterschied geht in die gleiche Richtung, daß nämlich
Kurzzeit-Trainierte eher einschlafen bei der Entspannung als Langzeit-Trainierte. Letztere haben scheinbar gelernt, den Übergang
vom Wachen zum Schlafen zu blockieren und den Alpha-Wellen-
Zustand über einen längeren Zeitraum aufrechtzuerhalten (vgl.
VAITL, 1993 a).

Auch bei der Progressiven Muskelentspannung beziehen sich die
Unterschiede hinsichtlich zentralnervöser Veränderungen auf Kurz-
zeit- gegenüber Langzeit-Trainierten. Anders jedoch als beim
Autogenen Training treten schneller Einschlaf-Phänomene mit den

Einfluß des
Autogenen Trai-
nings auf das
Spontan-EEG

Zentralnervöse
Veränderungen
bei der Progres-
siven Muskelent-
spannung

Alpha-Wellen

Sie treten im entspannten Wachzustand meist in Form von Spindeln auf, die schon mit bloßem Auge gut in einer EEG-Aufzeichnung zu erkennen sind. Häufigkeit und Dauer der Alpha-Spindeln nehmen gewöhnlich zu, wenn die Augen geschlossen werden, die okulomotorische Aktivität vermindert ist und von der Umgebung keine Störreize produziert werden. Ein bekanntes psychophysiologisches Phänomen ist die sogenannte Alpha-Blockade, d. h. die Alpha-Wellen verschwinden, sobald die Augen geöffnet werden oder neue und unerwartete Ereignisse eintreten, auf die hin eine Orientierungsreaktion erfolgt (Mulholland, 1990). Nach einiger Zeit verschwindet diese Blockade wieder infolge einer Habituation. Diese Phänomene treten aber nicht bei allen Personen auf, vielmehr besitzen sie, wie alle nachfolgenden Hirnstrommuster, eine hohe interindividuelle Streubreite.

Beta-Wellen

Sie beherrschen zusammen mit den Alpha-Wellen das Hirnstrombild einer wachen Person. Vermehrt tritt Beta-Aktivität bei körperlicher, mentaler und emotionaler Anstrengung und unter körperlicher Belastung auf. Ein EEG, in welchem eindeutig Beta-Wellen vorherrschen, nennt man „desynchronisiert". Von einer EEG-"Synchronisation" spricht man, wenn die Alpha-Wellen vorherrschen.

Theta-Wellen

Theta-Wellen treten unter zwei verschiedenen Aktivierungsbedingungen auf: Erstens im eingeschränkten Wachzustand (Dösen), beim Schläfrigwerden oder beim Übergang zum Einschlafen und zweitens bei bestimmten Aufgaben, die eine Fokussierung der Aufmerksamkeit (z. B. Problemlösen, Beobachten eines Radarschirms) verlangen (VOGEL et al., 1968; SCHACTER, 1977). Außerdem ist bekannt, daß die Theta-Aktivität beim Übergang von der aufrechten Körperhaltung in die waagerechte Lage zunimmt (VAITL & GRUPPE, 1991).

Delta-Wellen

Im Wachzustand kommen im EEG von Gesunden normalerweise keine Delta-Wellen vor. Sie sind vielmehr Zeichen des Tiefschlafs (=„slow wave sleep", SWS) und spielen im Zusammenhang mit Entspannungsverfahren nur insofern eine Rolle, als ihr Auftreten mit großer Wahrscheinlichkeit dafür spricht, daß die Übenden eingeschlafen sind.

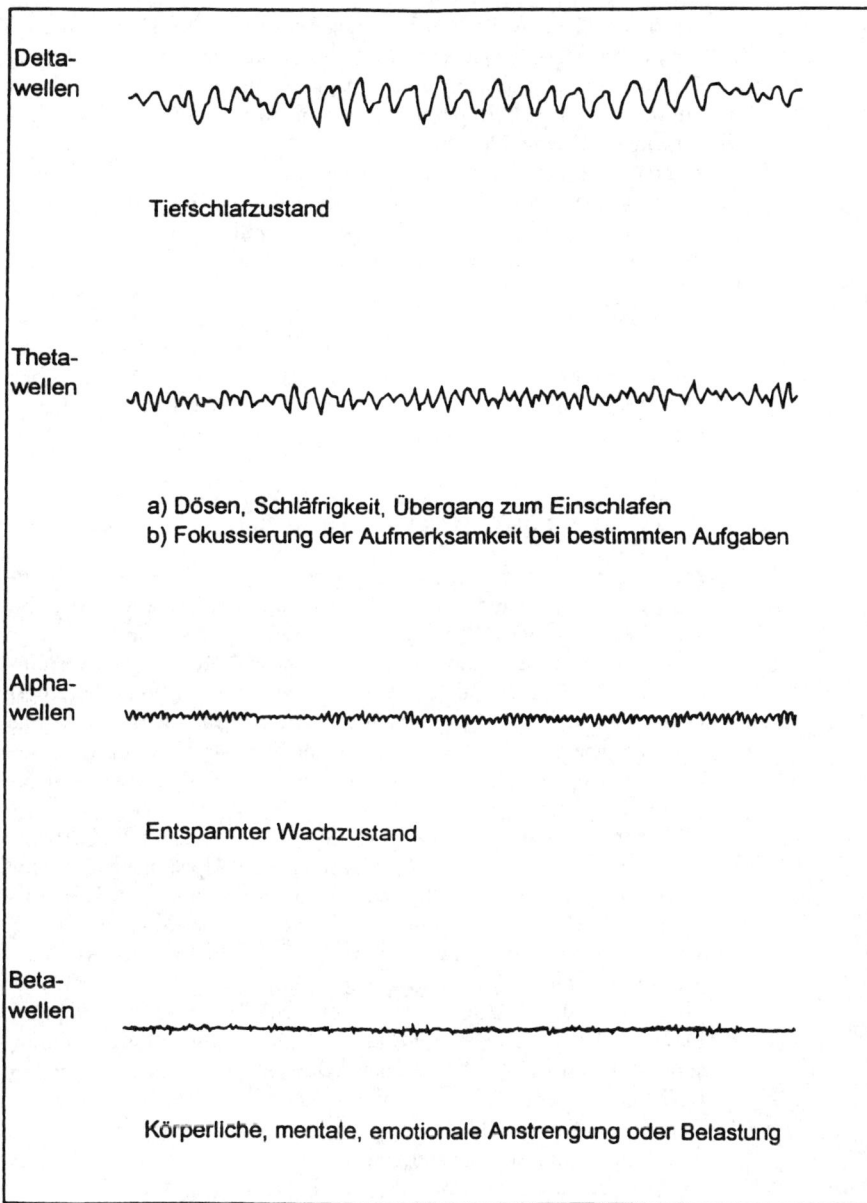

typischen Theta-Wellen bei Langzeit-Trainierten auf. Dies ist besonders dann der Fall, wenn zudem die einzelne Entspannungsübung 15 Minuten oder länger andauert. Dies hängt vermutlich damit zusammen, daß bei der Progressiven Muskelentspannung nicht systematisch eingeübt wird, spontanes Einschlafen zu verhindern, wenn die Progressive Muskelentspannung in einem fortgeschrittenen Stadium beherrscht wird. Ein Langzeit-Entspannungstraining ist jedoch notwendig, um das Ziel der Generalisierung von Entspannungsreaktionen zu erreichen. Generalisierung von Entspannungsreaktionen meint, daß mit wenigen Instruktionen Herzrate, Sauerstoffverbrauch und Atemfrequenz gesenkt werden können und neuromuskuläre Veränderungen auftreten. Diese Generalisierung von Entspannungsreaktionen ist bei Einschlafphänomenen nur schwer zu realisieren. Damit sind die Vorteile eines Langzeit-Trainings in Progressiver Muskelentspannung in Frage gestellt.

2.2.6 Psychische Ebene: Emotionale, kognitive, behaviorale Veränderungen

Neben den physischen Entspannungsreaktionen gibt es auch psychische. Diese beziehen sich auf emotionale und kognitive Aspekte, und sie können auch in Verhaltensweisen ihren Ausdruck finden.

Emotionale Veränderungen

Bei gelungener Entspannung treten emotionale Reaktionen vermindert auf. Das bedeutet, daß sich Gefühle wie Freude, Wut oder Angst kaum oder nicht mehr provozieren lassen. Bestehende unangenehme Gefühle, wie z. B. Ängste, werden als emotionale Wirkung von Entspannung sogar in der Regel abgebaut. Hingegen erhöhen sich angenehme Empfindungen und Gefühle.

Kognitive Veränderungen

Weiterhin entsteht der Eindruck von geistiger Frische und Ausgeruhtsein. Dies ist im Zusammenhang mit den Alpha-Wellen, die für einen entspannten Wachzustand stehen, zu betrachten. Der entspannte Wachzustand erhöht die selektive Aufmerksamkeit, so daß spezifische Informationen während des Entspannungsprozesses aufgenommen werden können. Zugleich erhöht sich auch die Wahrnehmungsschwelle für Außenreize, wie Lärm, Licht oder Berührung. Das heißt, daß externe Stimuli kaum mehr wahrgenommen werden, somit können externe Reize auch kaum mehr Reaktionen auslösen (z. B. neuromuskuläre Reaktionen). Die geistige Frische und das Empfinden des Ausgeruhtseins nach einer erfolgreich durchgeführten Entspannung begünstigen wiederum die Konzentrationsfähigkeit sowie Informationsverarbeitungs- und Gedächtnisprozesse.

Behaviorale Veränderungen

Wenn die Wahrnehmungsschwelle erhöht wird und dadurch Außenreize nicht mehr in der Lage sind, Reaktionen auszulösen, dann ist die natürliche Folge davon, daß sich das Aktivitätsniveau einer Person verringert. Das bedeutet, daß z. B. motorische Unruhe und Hyperaktivität reduziert werden und sich Ruhe als verhaltensmäßige Wirkung von Entspannung zeigt. Da auch emotionale Reaktionen vermindert werden und sich kaum mehr provozieren lassen, hat dies ebenfalls Auswirkungen auf das Verhalten einer entspannten Person. Erregungsabbau und ausgeglichenes Verhalten werden dadurch nämlich begünstigt.

2.3 Erklärungsansätze zum Entspannungsgeschehen

Zur Erklärung des Entspannungsgeschehens dient einmal ein peripher-neurovegetativer und einmal ein neurologischer Ansatz. Der **peripher-neurovegetative Erklärungsansatz** umfaßt die neuromuskulären, die kardiovaskulären, die respiratorischen sowie elektrodermalen Reaktionen. Zur Erklärung dieser Veränderungen wurde auf das Konzept der „Ergotropie" und „Trophotropie" von HESS (1954) zurückgegriffen. Dieses Konzept besagt, daß eine ergotrope neurovegetative Reaktionsbereitschaft dann besteht, wenn eine körperliche Belastung, Anstrengung oder Kampf- bzw. Fluchtbereitschaft gegeben ist. Das trophotrope neurovegetative Reaktionsmuster herrscht während des Schlafens oder während einer Erholungsphase vor. Bei der Erklärung von Entspannungswirkungen wurde vom Umschalten auf das trophotrope neurovegetative System gesprochen. In der Tat konnten experimentelle Untersuchungen Hirnbereiche bestimmen, die für ergo- und trophotrope Hirnareale sprechen (HESS, 1954). Es wurde davon ausgegangen, daß Impulse vom trophotropen Hirnareal über das parasympathische Nervensystem Effektor-Organe ansprechen, so daß es beispielsweise zur Muskelerschlaffung, zum Blutdruckabfall, zur Verlangsamung der Atmung oder einer Pupillenverengung kommt. Hingegen regen Impulse aus der ergotropen Hirnzone das sympathische Nervensystem an, so daß es zu einer Beschleunigung der Sauerstoff- und Stoffwechselprozesse sowie zu einer Energiemobilisierung kommt.

Dieser Erklärungsansatz bestimmte lange Jahre das Verständnis von Entspannungsgeschehen. Nach dem heutigen Kenntnisstand muß das energetische Konzept anders beurteilt werden, denn sympathisches und parasympathisches Nervensystem lassen sich nicht eindeutig nur einer jeweils aktivierenden oder dämpfenden Wirkung zuordnen. Man geht heute davon aus, daß die physiologischen Effekte von Entspannungsverfahren wahrscheinlich dadurch entstehen, daß die sympathiko-adrenerge Erregungsbereitschaft gedämpft wird. Dies bedeutet nun **nicht** automatisch, daß die parasympathische

Konzept der „Ergotropie"

heutiger Kenntnisstand

Aktivität erhöht ist (im Sinne einer Trophotropie) und ergotrope Reaktionen abnehmen. Vielmehr ist davon auszugehen, daß der Einfluß der sympathischen Impulse an den Effektor-Organen vermindert ist, aber nicht unterbrochen wird.

Entspannung scheint somit dadurch erklärbar, daß zwischen den beiden neurovegetativen Nervensystemen, dem sympathischen und dem parasympathischen, ein Balance-Zustand besteht. Dieser Sachverhalt soll noch einmal durch einen Textausschnitt von VAITL (1993a, S. 56f.) illustriert werden:

„Die von HESS beobachteten Reaktionsmuster stellen ausschließlich Extremvarianten neurovegetativer Regulationszustände dar, die experimentell durch Stimulation spezifischer Hirnstrukturen hervorgerufen worden sind. Ihre Existenz steht außer Zweifel. Wann immer aber Entspannungsverfahren praktiziert werden, ist weder die Ausgangslage noch der Zielzustand (Entspannungszustand) derart extrem, wie dies von HESS mit der „Ergotropie" und „Trophotropie" umschrieben worden ist; der letztere wird bestenfalls im Tiefschlaf erreicht. Ebensowenig geschieht ein abrupter Übergang von der einen in die andere Regulationslage, wie dies SCHULTZ mit dem Begriff „Umschaltung" von der „Ergotropie" in die „Trophotropie" beim Autogenen Training suggeriert.

Außerdem ist die Dichotomisierung der neurovegetativen Regulationsvorgänge in sympathische vs. parasympathische (vagale) physiologisch nicht mehr aufrechtzuerhalten. Es gibt zwar Effektorsysteme, die ausschließlich sympathisch innerviert sind (z. B. das vasomotorische und elektrodermale System), andere dagegen werden sowohl sympathisch als auch vagal gesteuert (z. B. die Herztätigkeit). In solchen Situationen, in denen Entspannung geübt wird, besteht in der Regel eine Balance zwischen beiden Regulationskomponenten, also keine ausgesprochene Dominanz des einen oder anderen Anteils des neurovegetativen Nervensystems, wie dies durch das HESS'sche Modell nahegelegt wird. Außerdem ist bekannt, daß sich das Zusammenspiel zwischen Sympathikus und Parasympathikus an verschiedenen Effektororganen durch äußere oder lokale Faktoren drastischer ändern läßt als dies durch Entspannungsverfahren je erreicht werden kann (z. B. durch Temperaturveränderungen, Körperlageänderungen, Nahrungsaufnahme).

Ob und inwieweit der eine oder andere Anteil des neurovegetativen Regulationssystems seine Wirkung überhaupt entfalten kann, hängt entscheidend von der Anzahl, der Funktionstüchtigkeit und der Empfindlichkeit der Rezeptoren in den Effektororganen ab. Darüber war zu HESS' Zeiten noch relativ wenig bekannt!"

Der **neurologische Erklärungsansatz** geht von den zentralnervösen Veränderungen während eines Entspannungsprozesses aus. Die hirnelektrischen Veränderungen zeigen, wie bereits erwähnt, in differenzierterer Weise die Abstufungen von Wachheits- und Schläfrigkeitsgraden an als die peripher-neurovegetativen Indikatoren. Das Besondere an Entspannungsprozessen ist, daß das Aktivierungsniveau gesenkt wird, ohne aber zum Einschlafen zu führen. Dies steht im Gegensatz zu Prozessen, die mit körperlicher Ruhe verbunden sind. Körperliche Ruhe ruft Schläfrigkeit hervor, der normalerweise nach einer gewissen Zeit das Einschlafen folgt. Bei Enspannungsprozessen hingegen soll der Zustand der Voreinschlafphase erreicht und erhalten werden, ohne daß es zum Einschlafen kommt. Dies wird als Zustand entspannter Wachheit bezeichnet und ist an längeren Alpha-Perioden erkennbar sowie an minimalen Augenbewegungen. „Die Kunst der einzelnen Entspannungsverfahren besteht nun darin, die Übenden in diesem Zwischenbereich von Hellwachsein und Einschlafen zu halten, und zwar über längere Zeit hin" (vgl. VAITL, 1993a, S. 59).

Neurologischer Erklärungsansatz

Untersuchungen mit dem Autogenen Training zeigen, daß Kurzzeit-Trainierte mehr zwischen dem Zustand des Hellwachseins und des Einschlafens schwanken als Langzeit-Trainierte. Mit Entspannungsübungen soll also gelernt werden, sich so lange wie möglich ohne Unterbrechungen in diesem Zwischenstadium mit gedämpfter Wachheit und widerstandenem Einschlafen aufzuhalten. Der Entspannungszustand soll also über einen gewissen Zeitraum hinweg stabil aufrechterhalten werden können. Früher wurde dies mit „Tiefe" der Entspannung bezeichnet.

Zusammengefaßt läßt sich also hinsichtlich der beiden Erklärungsansätze sagen, daß mit einem Entspannungszustand nicht die verschiedenen physiologischen Funktionen auf einen Nullpunkt gesenkt werden sollen; vielmehr geht es darum, die peripher-neurovegetativen Funktionen in einer Balance zu halten und die hirnelektrischen Spontanaktivitäten in Form der Alpha-Perioden so lange wie möglich aufrechtzuerhalten.

Zusammenfassung

2.4 Arten von Entspannung

Wie der Überblick über Standardtechniken und die Tabelle 6 (vgl. Abschnitt 2.1.3) zeigen, existieren sehr vielfältige Entspannungstechniken. Hinsichtlich des Entspannungszugangs gibt es zwischen den einzelnen Verfahren deutliche Unterschiede. Entspannungstechniken können danach klassifiziert werden:

- welche Anforderungen sie an den Übenden stellen, z. B. an seine Konzentration,
- welche Aufmerksamkeitslenkung mit ihnen erfolgt, d. h. ob die Aufmerksamkeit zentriert oder abgelenkt wird mit dem Entspannungsverfahren, und
- welche Wirkungen primär erzielt werden (vgl. PETERMANN & PETERMANN, 1993b).

Die **Wirkungsbereiche** beziehen sich auf die bereits erörterten psychophysiologischen Auswirkungen von Entspannung, also beispielsweise auf die vasodilatatorischen Reaktionen oder elektrodermalen Veränderungen. Insbesondere Entspannungsverfahren für Kinder sollten eine **geringe Anforderung an die Konzentration** stellen, zumal sich Konzentration und Entspannung ausschließen. Die konzentrative Einstellung auf Entspannungsinstruktionen und Körperprozesse darf nicht im Sinne einer zu erbringenden Leistung angestrebt werden. Vielmehr muß sie sich im Laufe von vielen Übungen sowie durch ein geeignetes Entspannungsverfahren mühelos herstellen lassen. Bei der **Aufmerksamkeitslenkung** gibt es Entspannungsverfahren, die die Aufmerksamkeit auf einen bestimmten Aspekt **zentrieren** oder davon **ablenken**. Werden z. B. Entspannungsverfahren bei schmerzhaften medizinischen Behandlungen eingesetzt, so kann es – je nach Behandlung und Schmerztyp und Verhaltensweise des Kindes im Umgang mit dem Schmerz – sinnvoll sein, das Kind vom Schmerz abzulenken oder auch seine Aufmerksamkeit darauf zu zentrieren, damit es in Verbindung mit einer entspannten Haltung in die Lage versetzt wird, ungünstige Reaktionen zu vermeiden, z. B. Verkrampfen von bestimmten Muskelpartien.

Eine weitere Möglichkeit, Arten von Entspannung zu klassifizieren, besteht darin, sie nach ihrem **Wirkungszugang** einzustellen. Drei Wirkungszugänge können unterschieden werden, nämlich der **kognitive**, der **sensorische** und der **imaginative**. Die Wirkungszugänge sind als „Trigger" zu verstehen, mit denen bei einer Person bevorzugt Entspannungsreaktionen ausgelöst werden können.

Bisher werden **zwei Entspannungstypen** unterschieden. Der **SIC**-Typ, der sich aufgrund sensorischer Reize zu entspannen beginnt; den sensorischen Triggern folgen entspannende Vorstellungsbilder (Imaginationen); am Ende des Entspannungsprozesses stehen kognitiv gesteuerte Entspannungsprozesse. Die zweite bevorzugte Sequenz von Entspannungsreaktionen verläuft umgekehrt. Hier

Tabelle 7: Bevorzugte Sequenz von Entspannungsreaktionen.

Entspannungstyp	Entspannungsart
SIC-Typ	sensorische Entspannung Imaginationen (Vorstellungsbilder) Cognitionen
CIS-Typ	Cognitionen Imaginationen (Vorstellungsbilder) sensorische Entspannung

benutzen Personen kognitive Hinweisreize für die Herbeiführung von Entspannung, denen dann Bilder und Vorstellungen folgen (Imaginationen) und schließlich werden sensorische Elemente im Entspannungsprozeß wirksam. Hier wird vom CIS-Typ gesprochen. Weitere Sequenzen sind denkbar (vgl. PETERMANN & PETERMANN, 1993 b).

Die bevorzugte Entspannungsart feststellen zu können, ist zur Zeit nicht ohne weiteres auf ökonomischem Wege möglich. LAZARUS (1989) schlug vor, die bevorzugte Entspannungssequenz mit Hilfe eines 35 Fragen umfassenden Interviews herauszuarbeiten. Dieses Interview soll Auskunft darüber geben, welche Entspannungsart eine Person bevorzugt und diese in besonders effektiver Weise anspricht (vgl. auch LAZARUS & MAYNE, 1990). Für Kinder bis zum Alter von 13 Jahren kann man feststellen, daß imaginative Verfahren besonders wirkungsvoll sind. Imaginative Verfahren entsprechen kognitiven Strukturen von Kindern, die sich gerne mit Phantasiebildern oder auch mit Tagträumen beschäftigen. Sie stellen zudem geringe Anforderungen an die Konzentration der Kinder; und bei geeigneten Vorstellungsbildern können physiologische Entspannungsreaktionen sehr erleichtert werden. Imaginationen unterscheiden sich im Hinblick darauf, ob sie ausschließlich **Stimuluspropositionen** oder auch **Reaktionspropositionen** enthalten. Mit Stimuluspropositionen ist gemeint, daß Phantasiesituationen erzählt werden, ohne daß die Kinder in diese aktiv mit Instruktionen einbezogen werden. Das heißt, die Kinder verfolgen lediglich eine Geschichte bzw. Vorstellungsbilder, wie auf einem weichen Moosbett liegen und einem rauschenden Bach lauschen, und lassen ihre Phantasietätigkeit dadurch prägen. Bei den Reaktionspropositionen werden in den Geschichten Instruktionen für Handlungen oder Aufforderungen zu spezifischen Reaktionen integriert. Reaktionspropositionen können z. B. darin bestehen, daß ein Kind in seiner Vorstellung durch helles, warmes Wasser gleitet und sich auf besondere Art schwer fühlt; auch das Anziehen

Für Kinder imaginative Verfahren

Stimuluspropositionen und Reaktionspropositionen

des Taucheranzuges in der Kapitän-Nemo-Geschichte, wodurch schrittweise Ruhe erzeugt wird, oder der Kapitän-Nemo-Spruch „Nur ruhig Blut, dann geht alles gut", stellen solche Reaktionspropositionen dar (vgl. die Kapitän-Nemo-Geschichten in Abschnitt 4. 2.1). Sie unterstützen das Entspannungsgeschehen wirkungsvoller als Stimuluspropositionen.

Im folgenden Kasten werden Beispiele dafür gegeben, welche Entspannungstechnik zu welcher Entspannungsart zugeordnet werden kann:

Zuordnung von Entspannungstechnik zu Entspannungsart

Sensorische Entspannung
- Progressive Muskelentspannung
- Biofeedback
- Schildkröten-Phantasie-Verfahren

Imaginative Entspannung
- Kapitän-Nemo-Geschichten
- Diverse Entspannungsgeschichten

Kognitive Entspannung
- Autogenes Training
- Meditative Verfahren

Bei sehr kleinen Kindern, drei-, vierjährigen, sowie bei Jugendlichen eignen sich zum Herbeiführen von Entspannungsgeschehen besonders körperbezogene Verfahren, also sensorisch herbeigeführte Entspannung (vgl. die Abschnitte 4.1.1 und 4.1.2).

3 Anwendung von Entspannung in Institutionen und Durchführungsbedingungen

In diesem Kapitel wird darauf eingegangen, bei welchen Kindern Entspannungsverfahren indiziert sind und welche Kontraindikationen es gibt. Wie bereits die Grundlagen von Entspannung gezeigt haben, besonders die physiologischen Zusammenhänge von Entspannung, sind für ein erfolgreiches Entspannungsgeschehen Durchführungsmodalitäten von besonderer Bedeutung. Deshalb werden im Abschnitt 3.2 die Anforderungen an die Durchführung dargestellt. Kapitel 3 schließt mit Hinweisen, welche Erwartungen an die Wirkung von Entspannung berechtigterweise gestellt werden dürfen und welche Grenzen gesehen werden müssen.

3.1 Indikation und Kontraindikation von Entspannung

Entspannungsverfahren, unabhängig von der Art der Entspannung, sind in ihrer Wirkung symptomunabhängig einzusetzen. Das heißt, daß mit einem Entspannungsverfahren beispielsweise aggressives Verhalten nicht abgebaut werden kann; ein Kind verliert auch nicht sein ängstliches Verhalten durch die Anwendung von Entspannung. Ebenso kann ein Entspannungsverfahren nicht dazu führen, daß ein Kind mit Asthma bronchiale seine körperlich chronische Erkrankung durch den Einsatz von Entspannung „heilt".

3.1.1 Indikation

Trotzdem sind Entspannungsverfahren, wie bereits im Abschnitt 1.3 ausgeführt, von grundlegender und wichtiger Bedeutung, da sie zu einem physiologischen und psychischen Erregungsabbau führen. Die Körperreaktionen, wie der Stoffwechsel, die Herztätigkeit, die Atmung und die Muskelaktivitäten, werden im Sinne einer Abnahme und Beruhigung günstig beeinflußt; damit gehen positive kognitive und emotionale Auswirkungen einher. Diese psychischen Wirkungen führen zu günstigen Bedingungen, die genutzt werden können, z. B. für Lernprozesse, für die Durchführung von Förderprogrammen oder für die Bewältigung akuter Situationen bei einer kör-

perlichen chronischen Erkrankung. Beispielsweise kann ein asthma-
krankes Kind lernen, sich bei den ersten Vorboten eines Asthmaanfalles zu entspannen, um die Angst vor einem Asthmaanfall zu bewältigen. Dies ist wiederum die Voraussetzung dafür, daß ein Kind seinen
Notfallplan mit Beginn eines Asthmaanfalles richtig durchführt.

Wirkungsebenen   Die **Indikationsbereiche** lassen sich hinsichtlich der Wirkungsebene
in eine **somatische, motorische** sowie **kognitiv-affektive** trennen
(vgl. PETERMANN & PETERMANN, 1993b). Tabelle 8 gibt einen
Überblick über die Wirkungsebenen und Indikationsbereiche von
Entspannungsverfahren bei Kindern und Jugendlichen.

Tabelle 8: Indikationsbereiche von Entspannungsverfahren bei Kindern und
Jugendlichen (in Anlehnung an PETERMANN & PETERMANN, 1993b,
S. 322).

Wirkungsebene	Indikationsbereiche
Somatische Ebene	(1) Asthma bronchiale
	(2) akute und chronische Schmerzen: Kopf- und Krebsschmerz, Migräne
Motorische Ebene	(1) **Externalisierende Verhaltensstörungen:** Aggressives Verhalten, oppositionelles Trotzverhalten, delinquentes Verhalten, Aufmerksamkeits- und Hyperaktivitäts- störung
	(2) Schlafstörungen
Kognitiv-affektive Ebene	(1) **Internalisierende Verhaltensstörungen:** Trennungsängste, Kontaktängste und soziale Unsicherheit, Schulangst, Prüfungsangst, soziale und Schulphobie, Zwänge
	(2) Lernstörungen, Teilleistungsstörungen, Konzentrationsstörungen

3.1.2   Kontraindikation

Kontraindikationen liegen bei bestimmten körperlichen Erkrankungen vor, bei denen ein Entspannungsverfahren gar nicht oder nur mit
großer Sachkompetenz und unter ärztlicher Aufsicht eingesetzt werden darf. Bei folgenden Krankheitsbildern ist Vorsicht geboten (vgl.
PETERMANN & PETERMANN, 1993b; und VAITL, 1993b):

• **Small-Airway-Asthma:** Kinder und Jugendliche mit Asthma
bronchiale, bei denen vor allen Dingen die Bronchiolen vom Asthma betroffen sind, also die kleinen Verästelungen im Bronchialsy-
stem, dürfen nicht an Entspannungsverfahren teilnehmen. Dies
hängt damit zusammen, daß die parasympathische Aktivierung die

Atemwege verengt. Wenn jedoch die Atemwege besonders in den Verästelungen bereits durch Verschleimung und Spasmen verengt sind und eine Verengung durch die parasympathische Aktivierung hinzukommt, so kann dies einen Asthmaanfall auslösen.

- **Gastrointestinale Erkrankungen:** Kinder und Jugendliche, die im Magen-Darm-Bereich chronisch erkrankt sind (Ulcus pepticum/ Magengeschwür; Colitis/Schleimhautentzündung des Dickdarms), dürfen **im akuten Stadium** ihrer Erkrankung keine Entspannungsverfahren durchführen. Ein entspannter Zustand hat nämlich eine verstärkte Säurebildung im Magensaft zur Folge, wodurch die Magenschleimhaut unnötig gereizt wird; zudem führt Entspannung zu einer Mehrdurchblutung der Magenschleimhaut sowie zu einer übermäßigen Peristaltik. All diese Faktoren können im akuten Krankheitszustand beispielsweise zu Magenblutungen führen.

- **Herz-Kreislauferkrankungen:** Hat ein Kind bzw. ein Jugendlicher einen angeborenen Herzfehler oder besteht eine massive Herz-Kreislaufschwäche und chronisch extrem niedriger Blutdruck, dann muß vor der Anwendung von Entspannung unbedingt der behandelnde Arzt des Kindes zu Rate gezogen werden (vgl. die physiologischen Wirkungen von Entspannung im Hinblick auf die Herzrate).

- **Anfallserkrankungen (Epilepsie):** Auch bei anfallskranken Kindern und Jugendlichen sollte Entspannung mit großer Vorsicht angewendet werden. Entspannung verändert, wie bereits beschrieben, die hirnelektrischen Aktivitäten und führt zu Zuständen, die dem Voreinschlafstadium vergleichbar sind. Es verhält sich nun so, daß bei anfallskranken Kindern und Jugendlichen besonders gerne nach dem Schlafen in der Phase des Aufwachens ein Anfall auftritt. Da ein sich Entspannender auch in einen Schlafzustand kommen kann, besonders wenn er ungeübt ist, beinhaltet dies das Risiko, daß mit dem Zurückholen am Ende der Entspannungsübung ein epileptischer Anfall ausgelöst werden kann.

3.1.3 Nebenwirkungen

Neben diesen Kontraindikationen sind Nebenwirkungen möglich. Sie beruhen in der Regel auf mangelnder Information über die physiologischen Ereignisse während eines Entspannungsgeschehens. Die mangelnde Informiertheit führt wiederum zu falschen Interpretationen besonderer Ereignisse während der Entspannungsdurchführung (vgl. PETERMANN & PETERMANN, 1993b und VAITL, 1993b). Die Nebenwirkungen stellen **paradoxe Reaktionen** dar:

- **Ängste**, genannt **RIA**; es handelt sich um durch Entspannung hervorgerufene Ängste (Relaxation Induced Anxiety); diese Ängste beziehen sich z. B. auf Befürchtungen, die Kontrolle zu verlieren, hilflos zu sein, depressiv oder verrückt zu werden, sowie auf nicht definierbare Bedrohungsgefühle.
- Als **Taubheit** empfinden manche Personen die Schwere- und Wärmesensationen, und diese erleben sie unangenehm.
- Ein **Anstieg der Muskelspannung** sowie der **Herzfrequenz** können als paradoxe Reaktion auftreten; es ist also der gegenteilige Effekt, der sonst bei Entspannung auftritt, beobachtbar.

3.1.4   Körpersensationen

Im nachfolgenden Kasten werden besondere Ereignisse zusammengestellt, die während der Entspannungsdurchführung auftreten können. Sie werden kurz erklärt; diese richtigen Interpretationen der besonderen Körperereignisse (Körpersensationen) helfen, paradoxe Reaktionen und Nebenwirkungen zu vermeiden oder, sofern sie aufgetreten sind, positiv zu bewältigen.

Mögliche Körpersensationen und ihre Erklärung

Leichtes Muskelzucken:
Dies ist ein Zeichen tiefer werdender Entspannung; zugleich zeigt es an, daß noch Anspannung mit entsprechenden neurologischen Übertragungsprozessen in den Muskeln vorhanden ist. Leichtes Muskelzucken kann auch ein Zeichen dafür sein, daß sich der Entspannende kurz vor dem Einschlafen befindet.

Leichtes Muskelvibrieren oder Kribbelgefühle:
Diese Körperreaktion ist genau so zu verstehen wie das leichte Muskelzucken. Es ist zugleich ein Hinweis auf die verstärkte Durchblutung der Extremitäten.

Leichte Schwindelgefühle:
Wenn keine Herz- und Kreislauferkrankungen mit zu niedrigem Blutdruck vorliegen, dann handelt es sich lediglich um ein harmloses, eventuell neues und unbekanntes Gefühl, welches im Entspannungsprozeß durch veränderte Durchblutungs- und Blutdruckverhältnisse im Körper auftreten kann.

Angst zu fallen, Angst vor Kontrollverlust:
Dieses Gefühl tritt auf, wenn eine Person sehr schnell in einen tiefen Entspannungszustand „fällt". Sie wird von dem neuen Körpergefühl und dem Erleben von Entspannung überrascht, und dies kann bedrohlich und angstauslösend wirken.

Grübeln, Problemgedanken:
Solche kognitiven Vorgänge sind normale Erscheinungen beim Entspannungsgeschehen. Problemgedanken sollen ohne Ärger und zwanglos beiseite geschoben werden; und die Person soll wiederum versuchen, sich auf die Entspannung einzustellen. Es ist normal, daß Problemgedanken wiederholt auftauchen können; der sich Entspannende soll geduldig immer wieder versuchen, diese Gedanken abzulegen und sich auf das Entspannungsgeschehen und die Entspannungsinstruktionen zu konzentrieren. Entscheidend ist dabei, daß Entspannungsübungen nicht unter einem Leistungsaspekt durchgeführt werden; dies wäre mit Entspannung unvereinbar.

3.2 Anforderungen an die Durchführung

Vor der Durchführung eines Entspannungsverfahrens muß das **Alter** des Kindes oder Jugendlichen beachtet werden, um ein angemessenes Entspannungsverfahren auszuwählen. Auch die kognitive Entwicklung des Kindes ist zu berücksichtigen. Das kann bedeuten, daß für einen lernbehinderten Jugendlichen noch ein Entspannungsverfahren für Kinder angemessen sein kann. Auf diesen Punkt wird genauer bei den jeweiligen Abschnitten zu Entspannungsverfahren mit Kindern und Jugendlichen eingegangen.
Die Durchführung von Entspannungsverfahren ist daran gebunden, daß einerseits **äußere Bedingungen** günstig gestaltet sind und andererseits das Entspannungsvorgehen nach einem festgelegten **Ritual** realisiert wird. Bevor aber das erste Mal eine Entspannung mit Kindern und Jugendlichen durchgeführt wird, muß es eine **Phase der Vorbereitung** und **Information** geben.

Alter

3.2.1 Vorbereitung

Die Kinder und Jugendlichen werden vor der ersten Durchführung über das Entspannungsverfahren, welches angewendet wird, aufgeklärt. Transparenz über das bevorstehende Geschehen im Hinblick darauf, wie es durchgeführt wird und welche Körperempfindungen dabei auftreten können, erhöhen die Motivation von Kindern und Jugendlichen, ein Entspannungsverfahren kennenzulernen. Information ermöglicht also Durchschaubarkeit, und diese reduziert Vorbehalte oder auch Unsicherheiten und Ängste.

Im Rahmen der Vorbereitungsphase muß mit den Informationen eine realistische Erwartung bei den Kindern und Jugendlichen im Hinblick auf die Effekte von Entspannung hergestellt werden. Den Kindern muß verdeutlicht werden, daß sie nach einer Entspannungsphase ruhig sind, sich besser konzentrieren können und unangenehme Gefühle wie Wut oder Angst kaum mehr empfinden. Sie dürfen aber keine „Zauberwirkung" von der Durchführung einer Entspannung erwarten. Beispielsweise dürfen Kinder nicht in dem Glauben gelassen werden, daß sich ihre Schulprobleme oder Schwierigkeiten mit Eltern sowie Gleichaltrigen „in Luft auflösen", wenn sie sich in Entspannung üben. Schließlich muß den Kindern verdeutlicht werden, daß mit einer Entspannungs- bzw. Ruheübung keine Leistung in der Weise verbunden ist, daß Kinder darum wetteifern, wer sich am schnellsten entspannte, wer die stärksten Wärmeempfindungen hatte oder ähnliches. Den Kindern muß auch verdeutlicht werden, daß sie sich nicht anstrengen dürfen, um zwanghaft Entspannung herbeizuführen.

Diese Verarbeitung soll den Kindern also Sicherheit geben, sich ohne Bedenken auf die Entspannungsübung einzulassen, und dadurch soll in unspezifischer Weise die psychophysiologische Aktivierung gesenkt werden, die eventuell durch die neue und ungewohnte Übungssituation erzeugt werden kann.

3.2.2   Äußere Bedingungen

Die äußeren Bedingungen müssen störungsfrei und reizarm gestaltet werden. Das heißt, daß akustische, visuelle, taktile oder olfaktorische (den Geruchssinn betreffende) Einflüsse ausgeschaltet werden müssen. Durch die Vermeidung von Außenreizen wird auch das Aktivierungsniveau von körperinternen Reizen gesenkt, was wiederum die psychophysiologische Beruhigung begünstigt. Bei der Gestaltung der Umgebung müssen folgende Punkte berücksichtigt werden:

Umgebung
- Lärm und Außengeräusche sollten weitestgehend vermieden werden. Die Raumtemperatur sollte ausreichend warm sein. Für viele Kinder und Jugendliche sind Decken und Kissen als Unterlage, aber auch zum Zudecken hilfreich. Das Licht sollte nicht zu hell, der Raum aber auch nicht zu dunkel sein.

Kleidung
- Die Kleidung der Kinder und Jugendlichen soll bequem und nicht einengend sein. Das bedeutet, daß z. B. ein zu enger Hosenknopf geöffnet werden darf.

Körperliche Bedingungen
- Die Kinder sollten vor der Entspannung noch einmal zur Toilette gehen, denn eine gefüllte Harnblase ist äußerst hinderlich. Die

Kinder sollten auch aktuell keinen Juckreiz haben, denn dieser ist ein sehr dominantes Körperempfinden, und die Tendenz zum Kratzen kann von einem Kind nur schwer unterdrückt werden. Ist ein Körperteil systematisch entspannt worden, dann darf er nicht mehr bewegt werden, da ansonsten Muskelgruppen wieder angespannt und damit das Entspannungsgeschehen unterbrochen würde.

• Eine angenehme und richtige Körperposition, sei es im Sitzen, sei es im Liegen, muß beachtet und unterstützt werden. Wie im Abschnitt 2.2.1 ausgeführt, ist besonders für die neuromuskuläre Entspannung die korrekte Körperhaltung von großer Bedeutung. Eine korrekte Haltung unterstützt von vornherein das Entspannungsgeschehen und verhindert darüber hinaus, daß es zu unangenehmen Nebenerscheinungen wie Rücken-, Nacken- oder Kopfschmerzen kommt.   **Körperposition**

Die **Haltung im Sitzen** wird **korrekt** wie folgt ausgeführt: Ein Kind sitzt mit dem gesamten Po auf einem Stuhl. Beide Beine stehen nebeneinander auf dem Boden. Das Kind bzw. der Jugendliche lehnt seinen Rücken an die Lehne eines Stuhles; die Arme und Hände werden locker auf die Oberschenkel gelegt. Die Hände berühren sich dabei nicht, der Kopf wird leicht gesenkt, das Kinn darf aber nicht auf die Brust fallen; das heißt, der Nacken darf durch die Kopfsenkung nicht zu sehr angespannt werden. Den Kindern hilft die Vorstellung, daß sie sich „wie ein schlafender Opa in seinem Lehnstuhl" hinsetzen sollen. Haben Kinder, wie z. B. in einer Schulklasse, einen Tisch vor sich, dann sollen sie sich ebenfalls mit dem gesamten Gesäß auf den Stuhl setzen, beide Beine nebeneinander auf den Boden stellen, die Arme verschränkt auf den Tisch legen und den Kopf mit der Stirn auf die Arme legen.

Wird die Entspannung in **liegender Haltung** durchgeführt, dann ist es für die Kinder hilfreich, wenn sie ein Kissen unter dem Kopf haben; liegen die Kinder am Boden, dann sollen sie dies wegen dem Auskühlen auf einer Matte oder Decke tun. Auch im Liegen dürfen die Beine nicht gekreuzt werden, sondern sie sollen sich nebeneinander befinden. Die Arme liegen rechts und links neben dem Körper auf dem Boden und der Kopf liegt gerade und nicht zur Seite. Es ist in jedem Fall auf die Rückenlage zu achten, und es kann nicht akzeptiert werden, wenn sich Kinder auf den Bauch oder auf die Seite legen wollen. Dies beeinträchtigt die Atmung deutlich und führt nur eingeschränkt zu den neuromuskulären Entspannungsreaktionen.

Augen • Idealerweise sollen die Kinder und Jugendlichen die Augen schließen. Manche Kinder und Jugendliche haben damit Schwierigkeiten. Es ist ihnen dann erlaubt, die Augen offen zu halten; jedoch sollen sie den Blick und damit die Augenlider absenken. Dies erreicht man, indem man den Kindern die Instruktion gibt, auf ihre Kniespitzen zu schauen, wenn sie sitzen, oder auf ihre Nasenspitze, wenn sie liegen.

Räumliche • Als weitere Anforderung an die Durchführung ist die **räumliche**
Position **Distanz** zwischen dem Kind und der Person, die die Entspannungsinstruktionen vermittelt, zu beachten. Bei Kindern sollte die räumliche Distanz nicht zu groß sein. Noch wichtiger ist jedoch für Kinder, daß sie denjenigen, der mit ihnen die Entspannung durchführt, **jederzeit sehen** können, wenn sie die Augen öffnen. Bei der Sitz- oder Liegeordnung ist dem Rechnung zu tragen. Bei Jugendlichen sollte die räumliche Distanz nicht zu nah sein, da Jugendliche dies sonst leicht als Verletzung ihrer Intimsphäre empfinden können. Auch für sie ist jedoch wichtig, daß sie den Erwachsenen sofort sehen können, wenn sie die Augen öffnen. Dadurch gewinnen Kinder wie Jugendliche Sicherheit.

3.2.3   Aufmerksamkeitsfokussierung

Fast alle Entspannungsverfahren praktizieren einen Einstiegsritus, der als generelles Ziel eine Ruhehaltung anstrebt. Das bedeutet, daß die aktive, wache und nach außen gerichtete Reaktionsbereitschaft reduziert und abgebaut werden soll, damit die Aufmerksamkeit immer mehr nach innen und auf körpereigene Prozesse gerichtet wird. Es soll also eine passiv wahrnehmende Haltung geprägt werden. Dies wirkt entspannungsfördernd. In den meisten Entspannungsverfahren wird der Einstiegsritus mit der Instruktion: „Ich bin ganz ruhig" erzeugt.

Die Gestaltung der äußeren Bedingungen und die passiv-rezeptive Aufmerksamkeitsfokussierung nach innen reduzieren die sensorischen Inputs. Die geschlossenen Augen sowie die reduzierten sensorischen Inputs führen dazu, daß die Augenbewegungen abnehmen. Alle Faktoren zusammengenommen führen zu einer Senkung des Wachheitsniveaus und zu einer körperlichen Desaktivation, das heißt also (vgl. VAITL, 1993a):

• Abnahme des neuromuskulären Tonus
• periphere Gefäßerweiterung und entsprechende Wärmesensationen
• Zunahme der Alpha-Wellen als Zeichen für einen entspannten Wachzustand.

3.2.4   Vertrauen

Als letztes soll die Beziehung zwischen dem Kind oder Jugendlichen und der Person, die die Entspannung realisiert, beachtet werden. Unabhängig davon, welches Entspannungsverfahren angewendet wird, ist eine dringende Voraussetzung für die Durchführung von Entspannung, daß ein vertrauensvolles Verhältnis zwischen Kind und Erwachsenem besteht. Das bedeutet, daß vor der Durchführung nicht nur das Verfahren, sondern auch die Person, die es durchführt, den Kindern vertraut gemacht werden muß. Günstig ist es, wenn Kinder und Jugendliche den Erwachsenen bereits kennen. Dabei muß jedoch der Erwachsene darauf achten und prüfen, in welchem Kontext und in welcher Anforderungsstruktur die Kinder den Erwachsenen bisher erlebten. Beispielsweise kann ein Lehrer in seiner Klasse nicht ohne weiteres und in jeder Situation mit seinen Schülern Entspannung realisieren. Steht nämlich die Entspannung in einer zu großen Diskrepanz dazu, wie bisher die Rolle des Lehrers von den Schülern wahrgenommen wurde, dann führt dies zu Unverständnis, Befremden oder Mißtrauen der Schüler gegenüber dem Lehrer (vgl. auch Abschnitt 3.3). Solche **unerwarteten** und für die Schüler **rolleninkompatiblen Verhaltensweisen** eines Lehrers können nen zum Vertrauensverlust führen.

Ein Entspannungsverfahren kann auch dann nicht durchgeführt werden, wenn sich unmittelbar zuvor zwischen einem Kind bzw. Jugendlichen und einem Erwachsenen, der die Entspannung durchführen will, ein Konflikt ereignet hat. Die Durchführung von Entspannung ist erst dann möglich, wenn der Konflikt zur Zufriedenheit beider Seiten beigelegt werden konnte und zum Konfliktgeschehen eine angemessene zeitliche Distanz hergestellt werden konnte sowie Emotionen wie Ärger oder Angst bewältigt werden konnten. Zusammenfassend läßt sich sagen, daß ein Entspannungsverfahren nur erfolgreich bei Kindern und Jugendlichen durchgeführt werden kann, wenn eine vertrauensvolle Beziehung zwischen dem Durchführenden und den Kindern besteht. Die vertrauensvolle Beziehung wird gefördert, indem der Erwachsene für das Kind und den Jugendlichen in seinen Handlungen durchschaubar und zuverlässig ist (vgl. PETERMANN, F., 1996a).

3.3   Notwendige Bedingungen und mögliche Schwierigkeiten

Vor der Anwendung von Entspannungsverfahren müssen die Fragen beantwortet werden,

- welchen **Stellenwert** ein Entspannungsvorgehen in der pädagogischen Gesamtkonzeption einnimmt,
- welche Person mit welcher Aufgabenbeschreibung und **Rollendefinition** eine Entspannungstechnik durchführen soll,
- welche **Alltagssituationen** sich dafür eignen,
- welche eigenen **Lernprozesse** durchlaufen werden müssen und
- welche **Schwierigkeiten** auftreten können.

3.3.1   Stellenwert in der pädagogischen Konzeption

Prinzipiell kann festgehalten werden, daß für eine sinnvolle Anwendung von Entspannung und deren Integration in den **Tagesablauf** ein **strukturierter Alltag** und eine **zielgerichtete pädagogische Konzeption** mit operationalen Erziehungszielen und -plänen nicht nur hilfreich sind, sondern sogar eine notwendige Voraussetzung darstellen. Ansonsten droht die Anwendung von Entspannungsverfahren in die Esoterik abzugleiten, und sie können nicht die Effekte zeitigen, zu denen sie unter bestimmten Voraussetzungen in der Lage sind. Konkret heißt das, daß ein pädagogisches Setting, in dem es keine Regeln und Absprachen gibt, in dem fast alles beliebig wählbar und gestaltbar ist, für die produktive Nutzung von Entspannungseffekten nicht geeignet ist. Darüber hinaus ist ein solches pädagogisches Verständnis für die Förderung verhaltensgestörter Kinder kontraindiziert (vgl. PETERMANN, U., 1992; 1994b).

Bei der Realisierung von Entspannungstechniken ist prinzipiell zu entscheiden, ob die Entspannungsübungen in den Alltag integriert mit Kindern oder Jugendlichen durchgeführt werden sollen, oder ob

Integration in den Alltag

sie ein Experten-Angebot darstellen. Mit der **Integration von Entspannung in den Alltag** ist gemeint, daß ein geschulter Pädagoge eine Entspannungstechnik regelmäßig, das heißt täglich oder jeden zweiten Tag für mehrere Wochen, im Tagesablauf einsetzt. Beispielsweise kann es sinnvoll sein, wenn ein Lehrer vor Unterrichtsbeginn in der ersten Stunde oder zu Beginn einer zweiten, konzentrierten Lern- und Arbeitsphase, wie nach der großen Pause, eine Entspannung mit seinen Schülern durchführt. Im außerschulischen Bereich kann die Integration von Entspannung in den Alltag bedeuten, daß ein Erzieher oder Pädagoge vor wichtigen Anforderungen im Tagesablauf ein Entspannungsritual durchführt, damit die Kinder Aufgaben oder Anforderungen besser bewältigen können. Dies kann sich auf die Situation vor dem Erledigen der Hausaufgaben oder vor dem Zubettgehen und Einschlafen beziehen. Im letzten Beispiel wäre der Einsatz eines Entspannungsverfahrens als Einschlafhilfe konzipiert.

Wird Entspannung als **Experten-Angebot** durchgeführt, so würde dies bedeuten, daß ein in Entspannungsverfahren kompetenter Pädagoge zu einer festgesetzten Zeit ein-, zwei- oder dreimal in der Woche für beispielsweise ein Vierteljahr ein Angebot zur Entspannung für Kinder und Jugendliche unterbreitet. Solche Angebote sind in verschiedenen pädagogischen Institutionen zu finden, z. B. in der Heimerziehung, in Kinder-Rehabilitationskliniken, aber auch in Schulen als Wahlangebot für Schüler.

Entspannung als Experten-Angebot

3.3.2 Rollendefinition

Bei beiden Modellen, Alltagsintegration und Experten-Angebot, ist die Rolle des Pädagogen, der die Entspannung durchführt, für die Kinder zu definieren und transparent zu machen. Den Kindern und Jugendlichen muß durch Erklärung und Hinweis verdeutlicht werden, daß sich der Pädagoge aus der Rolle des Lehrenden, des Bewertenden oder auch Erziehenden hinaus begibt und eine auf eine spezifische Situation bezogene Maßnahme zur Unterstützung von Ruhe und Entspannung durchführt. Erfolgt diese abgrenzende Rollendefinition nicht, kann es zu falschen Erwartungsbildungen bei den Kindern und Jugendlichen kommen, die Unsicherheit bis hin zu Vertrauensverlust mit sich bringt; die Kinder können z. B. das Verhalten des Lehrers im Mathematikunterricht nicht ausreichend unterscheiden von dem Verhalten desselben Lehrers, der eine Entspannungsübung durchführt.

In diesem Kontext ist es von großer Bedeutung, auch über den verwendeten Begriff nachzudenken. Begriffe wie Entspannungsverfahren, Entspannungstechniken, Autogenes Training oder ähnliches sollten im pädagogischen Kontext vermieden werden, da sie eher Unsicherheit, Vorbehalte und Vorurteile, aber auch irreal hohe Erwartungen auslösen können; dies kann auch bei den Eltern der Kinder der Fall sein. Besser sollte von **Ruheritual** gesprochen werden, welches den Kindern helfen soll, weniger aufgeregt und erregt zu sein, auch motorisch ruhiger zu sein, so daß die Kinder dadurch besser lernen, spielen oder sonstige Dinge des Alltags bewältigen können.

Begriff: Ruheritual

Die Thematisierung der Begriffswahl macht weiter deutlich, daß die Durchführung eines Entspannungsverfahrens im pädagogischen

Kontext sehr gut geplant und vorbereitet sein muß. Mit Kindern und Jugendlichen kann nicht unvermittelt eine Entspannung durchgeführt werden; vielmehr müssen Kinder und Jugendliche in ein Ruheritual mit Erklärungen eingeführt werden, was das Ziel des Vorgehens sein soll und, je nach Entspannungsverfahren, müssen die Kinder in diese Einführung auch aktiv über Frage-Antwort-Technik, über Erarbeitungen anhand von Bildern und Fotos oder über gestalterische Aktivitäten, wie Malen, einbezogen werden. Dadurch wird für Kinder und Jugendliche die bereits mehrmals erwähnte und notwendige Durchschaubarkeit hergestellt, die wiederum für den Vertrauensaufbau eine notwendige Bedingung darstellt (vgl. Abschnitt 3.2).

3.3.3   Alltag und Entspannung

Als notwendige Bedingung für die Anwendung von Entspannungsverfahren wurde ein strukturierter Alltag bereits erwähnt. Es sei daran erinnert, daß sich ein Entspannungserfolg nur einstellt, wenn der Betreffende regelmäßig seine Entspannungsübungen durchführt. Diese müssen **ritualisiert** erfolgen. Das heißt, neben dem regelmäßigen Üben muß dieses möglichst zur gleichen Zeit, unter gleichen Bedingungen, in vergleichbaren Alltagssituationen realisiert werden, um Entspannungsreaktionen mit Alltagskontexten so zu verbinden, daß sich Ruhe und Entspannung leichter auf diese Alltagskontexte

Reihenfolge   übertragen; nur so generalisieren die positiven Effekte der körperlichen Ruhe, emotionalen Ausgeglichenheit und erhöhten Aufnahmefähigkeit auch auf den Alltag. Es sind solche Gelegenheiten am Tag für Entspannungsübungen auszuwählen, in denen die Kinder sich **vorher** austoben, bewegen und motorisch betätigen konnten; hingegen gelingt eine Entspannungsübung nicht ohne weiteres, wenn z. B. eine Sportaktivität bevorsteht; zudem ist die Reihenfolge unsinnig, umgekehrt allerdings sinnvoll und oft notwendig. Hilfreich für Kinder und Erwachsene ist es, wenn vor ruhigen Phasen des Tages, wie vor einer Mahlzeit, vor einer ruhigen Spielaktivität, vor der Erledigung von Hausaufgaben, vor einem neuen Unterrichtsblock, vor dem Einschlafen im Bett, ein Entspannungsritual durchgeführt wird. Darüber hinaus bedeutet ein strukturierter Alltag einschließlich ritualisierter Ruhephasen gerade für verhaltensgestörte Kinder und Jugendliche eine wichtige, Sicherheit gebende Orientierung (vgl. FICHTNER & PETERMANN, 1994; FREIMANN, 1994; FREY, 1994).

3.3.4 Lernprozesse und reflektierte Erfahrung

Ein Pädagoge, der ein Entspannungsritual durchführt, sollte dieses unter kompetenter Anleitung, einschließlich Selbsterfahrung mit Entspannungsvorgehen, gelernt haben. Er sollte weiterhin eindeutig hinter dem Entspannungsvorgehen stehen, denn nur, wenn er davon überzeugt ist, kann er die Entspannungseffekte erreichen. Der Pädagoge sollte nach Kollegen in seiner Institution Ausschau halten, die ebenfalls in Entspannungsverfahren fortgebildet sind; ein Austausch über die Erfahrungen bei der Anwendung ist häufig notwendig. Dies schließt auch mit ein, daß ein Kollege bei der Durchführung von Entspannung mit Kindern und Jugendlichen bei dem anderen Kollegen hospitiert, um mit diesem Beobachtungen auszutauschen und die Vorgehensweise zu reflektieren. Dies ist besonders dann von Bedeutung, wenn ein Pädagoge einerseits noch wenig Berufserfahrung mit Kindern und Jugendlichen hat und andererseits im Anwenden von Entspannungsverfahren noch ungeübt ist. Hilfreich ist auch, wenn ein ungeübter Kollege eine Entspannungstechnik, bevor er sie mit Kindern durchführt, bei einem erfahrenen Kollegen anwendet; dieser gibt differenzierte Rückmeldung, wie die Formulierung der Instruktionen, die Stimmlage, das Sprachtempo, die Länge der Pausen zwischen Instruktionen gewirkt haben und ob sich Körpersensationen einstellen.

Selbsterfahrung

Hospitation

3.3.5 Probleme bei der Anwendung

Entspannungsverfahren können, wie bereits ausgeführt nicht ohne weiteres bei allen Kindern und Jugendlichen oder in jeder Situation angewendet werden. Wird darauf keine Rücksicht genommen, so kann dies dazu führen, daß Kinder und Jugendliche zu Entspannungsritualen nicht motiviert werden können und das Mitüben verweigern oder auf subtilere Weise boykottieren, zum Beispiel, indem sie das Vorgehen lächerlich machen. Dies wirkt sich besonders in einer Gruppe ungünstig aus, da solche Verhaltensweisen von Kindern und Jugendlichen einen hohen Ansteckungseffekt haben. Treten trotz Berücksichtigung der bereits genannten Anforderungen an die Durchführung von Entspannung Schwierigkeiten mit Kindern und Jugendlichen auf, dann muß sich der Pädagoge zur Klärung und Behebung der Schwierigkeiten folgende Fragen stellen:

- Sind die Kinder für das gewählte Entspannungsverfahren zu jung oder kognitiv nicht in der Lage, das Entspannungsverfahren zu verstehen?
- Haben die Kinder Sprachprobleme und können sie deshalb die Entspannungsinstruktionen nicht verstehen?

- Verfügen die Kinder über zu wenig Phantasie, um beispielsweise einem imaginativen Entspannungsverfahren zu folgen?
- Hatten die Kinder unmittelbar vor der Entspannungsdurchführung eine Konfliktsituation erlebt und sind deshalb extrem erregt und motorisch unruhig?
- Ist das gewählte Entspannungverfahren für Kinder angemessen oder zu stark als erwachsenenbezogenes Vorgehen zu betrachten (z. B. wenn das Autogene Training in seiner klassischen Form angewendet wird)?
- Haben die Kinder oder Jugendlichen den Eindruck, die Kontrolle über sich und die Situation zu verlieren und entwickeln sie deshalb Ängste und Widerstand gegen das Entspannungsvorgehen?

Diese Fragen, die zur Reflexion bei Schwierigkeiten zu stellen sind, zeigen die Notwendigkeit auf, wie wichtig es ist, sich und auch den Kindern das Vorgehen und die damit verbundenen Ziele transparent zu machen. Im **pädagogischen Bereich** sollte Entspannung immer mit dem **Ziel der Prävention** verstanden und eingesetzt werden. Es geht also um eine allgemeine Erzeugung von Ruhe, die die Streßregulation und Alltagsbewältigung erleichtern hilft. Es kann im pädagogischen Kontext auf keinen Fall um Therapie gehen. Dies würde den Kompetenzbereich des Pädagogen überschreiten und Kollegen oder Eltern zurecht alarmieren oder zu Vorbehalten führen. Aus diesen Gründen werden in diesem Praxisbuch nur solche Entspannungsverfahren für Kinder und Jugendliche vorgestellt, die präventiv mit dem Ziel einer allgemeinen Aktivierungsreduktion und einem allgemeinen Erregungsabbau eingesetzt werden können. Auf weitere Schwierigkeiten bei der Anwendung von Entspannungsverfahren, wie z. B. auf Nebenwirkungen oder Probleme beim Schließen der Augen während der Entspannung, wurde bereits im Abschnitt 3.1 und 3.2 eingegangen. Im Abschnitt 4.1.2 wird auf spezielle Probleme bei Jugendlichen, die diese mit Entspannung haben, sowie auf den Umgang damit eingegangen.

Ziel: Prävention

3.4   Berechtigte Erwartungen und Illusionen

Die physiologischen und psychischen Ebenen, auf denen sich die Wirkungen von Entspannung zeigen, wurden bereits ausführlich im Abschnitt 2.2 dargestellt. Diese geprüften Effekte können bei Entspannungsübungen auftreten. Befragt man Kinder und Jugendliche, welche Empfindungen sie hatten und wie es ihnen nach der Entspannung geht, so äußern diese typischerweise wie folgt:

Ich wäre fast eingeschlafen.
Ich fühle mich ganz ruhig und gut.
Meine Arme sind so schwer geworden, und Kraft gibt es dabei auch.
Meine Arme und Beine sind ganz warm.
Machen wir bald wieder diese Ruheübung?

Auch ohne physiologische Messungen vorzunehmen, kann man leicht beobachten, daß Kinder und Jugendliche nach Entspannungsübungen motorisch ruhiger und langsamer sind, daß die Lautstärke und das Lärmen zurückgehen, daß die emotionale Ausgeglichenheit die Frustrationstoleranz etwas erhöht und daß ein konzentriertes Lernen und Arbeiten möglich wird. Diese Entspannungseffekte bleiben unmittelbar nach der Entspannungsübung unter der Bedingung erhalten, daß die dann folgende Alltagsstruktur ebenfalls mit ruhigen Aufgaben sowie mit Ruhesignalen verbunden ist.

Effekte von Entspannung

Bei Kindern und Jugendlichen sind besonders solche Entspannungsverfahren effektiv, die von ihnen mühelos und anstrengungsarm nachvollzogen werden können. Mit anstrengungsarm ist gemeint, daß die Entspannungstechnik so gestaltet sein muß, daß sie von den Kindern keine große Konzentrationsleistung oder kognitive Leistung abverlangt. Besonders geeignete Verfahren, die diese Anforderungen erfüllen, sind die imaginativen Verfahren, die Vorstellungsbilder und Geschichten einsetzen und dabei kein bestimmtes Ziel im Entspannungsgeschehen verfolgen (vgl. PETERMANN & PETERMANN, 1993b).

Illusionär ist es, von Entspannungsverfahren zu erwarten, daß sie die Verhaltensstörungen bei Kindern und Jugendlichen abbauen. Entspannungsverfahren sind zu unspezifisch, als daß sie dies leisten könnten. Weiterhin können Entspannungsverfahren auch nicht die Erwartung erfüllen, daß ein Kind sich nach der Übung über Stunden hinweg motorisch und verbal ruhig verhält. Illusionär ist es weiterhin zu erwarten, daß jede Person auf ein Entspannungsverfahren positiv reagiert und anspricht. Bei Kindern ist zwar der Prozentsatz der Kinder, die positiv auf Entspannung reagieren, sehr hoch, was vermutlich mit ihrer hohen Suggestibilität zu tun hat. Dies ändert sich jedoch bereits im Jugendalter, und hier gibt es mehr Ähnlichkeiten zwischen Jugendlichen und Erwachsenen als zwischen Kindern und Jugendlichen. Das bedeutet, daß weit weniger Jugendliche positiv auf Entspannung ansprechen als Kinder. Der Pädagoge muß sich also von der Erwartung frei machen, daß er, wenn er nur das richtige Entspannungsverfahren wählt, jedes Kind und jeden Jugendlichen dafür begeistern kann (vgl. zu spezifischen Problemen bei Jugendlichen den Abschnitt 4.1.2).

Illusionäre Erwartungen

Schließlich darf von dem Einsatz von Entspannungsübungen auch nicht erwartet werden, daß sich Lern-Leistungsstörungen vollkommen legen. Dies ist aus denselben Gründen irreal wie die Erwartung, daß Verhaltensstörungen durch Entspannungsverfahren abgebaut werden können. Die Verhaltensdefizite bzw. Lern- und Wissensdefizite bei den Kindern und Jugendlichen sind in der Regel so groß, daß diese Lücken durch ein gezieltes Üben aufgearbeitet und geschlossen werden müssen. Ein entspannter Zustand ist dabei hilfreich, ersetzt aber keine gezielte Verhaltensänderung bzw. kein Üben und Lernprogramm.

Die Chancen beim Einsatz von Entspannung bestehen darin, daß durch die positiven Effekte im kognitiven Bereich, z. B. Aufhebung von Interferenzen (Hemmungen) beim Wahrnehmen und Verarbeiten von Informationen, die Aufmerksamkeit und Konzentration von Kindern und Jugendlichen günstig beeinflußt wird, ebenso die emotionale Verfassung; beides führt bekanntermaßen zu verbesserten Lernbedingungen (vgl. HERMECZ & MELAMED, 1984; LAZARUS & MAYNE, 1990).

4 Entspannungsverfahren für Kinder und Jugendliche

In diesem Kapitel werden für Kinder und Jugendliche geeignete Entspannungstechniken vorgestellt. Es wird kurz auf den konzeptuellen Hintergrund der jeweiligen Entspannung, auf die alters- und entwicklungsspezifische Anwendbarkeit sowie auf die konkrete Durchführung mit den notwendigen Instruktionen eingegangen. Es werden Beispiele für sensorische und imaginative Entspannungsverfahren gegeben. Reine kognitive Entspannungsverfahren werden nicht vorgestellt, da sie für Kinder unter zehn Jahren ungeeignet sind und von Jugendlichen nicht ohne weiteres akzeptiert werden. Jedoch weisen die meisten imaginativen Entspannungsverfahren kognitive Elemente auf. Ein rein kognitives Entspannungsverfahren wurde bereits im Abschnitt „Überblick über Standardtechniken" vorgestellt. Es handelte sich um das Autogene Training (vgl. 2. 1.1).

4.1 Sensorische Entspannungsverfahren

In diesem Abschnitt werden zwei Möglichkeiten für sensorische Entspannungsverfahren vorgestellt. Es handelt sich einmal um das Schildkröten-Phantasie-Verfahren und zum anderen um die Progressive Muskelentspannung.

4.1.1 Schildkröten-Phantasie-Verfahren

Dieses Entspannungsverfahren ist ein **bewegungsorientiertes** Vorgehen. Es ist von uns in Anlehnung an SCHNEIDER und ROBIN (1976) für Kinder entwickelt worden, die sich im Kindergartenalter und in der Grundschule befinden, etwa bis zur dritten Klasse (vgl. auch PETERMANN & PETERMANN, 1994). Dieses Vorgehen ist leicht und ökonomisch in vielen Alltagssituationen einsetzbar. Es eignet sich sehr gut auch für **große Kindergruppen**, also für eine Schulklasse oder eine gesamte Kindergartengruppe.
Neben dem sensorischen Entspannungszugang, hier über Bewegung, sind bei diesem Verfahren auch kognitive Entspannungshinweise und Imaginationen von Bedeutung. Im Mittelpunkt dieses Entspan-

nungsverfahrens steht Imagination „Schildkröte". Die Eigenheiten und Besonderheiten dieses Tieres werden als Schlüsselreize genutzt, um Ruhe und Entspannung zu erzeugen.

Das **praktische Vorgehen** teilt sich in **drei Schritte**:

• Mit den Kindern wird das Tier Schildkröte genauestens erarbeitet. Zentral ist, den Kindern zu verdeutlichen, daß sich eine Schildkröte sehr langsam bewegt und dabei sehr vorsichtig einen Fuß vor den anderen setzt; die Schildkröte ist ein leises Tier, welches keine lauten Geräusche von sich gibt; und schließlich verfügt dieses Tier über einen hervorragenden natürlichen Schutz, nämlich einen großen Panzer, in den sich das Tier mit seinen Pfoten, mit seinem Kopf und seinem Schwanz vollkommen zurückziehen kann. Die Schildkröte zieht sich besonders dann zurück, wenn sie angestoßen wird oder selbst anstößt, wenn sie unangenehm berührt wird, wenn sie sich ärgert oder ängstlich ist.
Für die Kinder ist es sehr hilfreich, wenn sie einige Bilder von Schildkröten betrachten können, damit sich ihre Vorstellung von diesem Tier differenziert ausformen kann. Besteht die Möglichkeit, eine Schildkröte in natura zu beobachten, dann ist dieses eine ideale Bedingung, um die Kinder an dieses Entspannungsverfahren heranzuführen.

• Der nächste Schritt besteht darin, daß die Kinder aufgefordert werden, sich im Raum so langsam und so ruhig wie eine Schildkröte zu bewegen. Die Kinder sollen also das Tier imitieren. Günstig ist es, wenn ein Kind als Modell das Verhalten des Tieres den übrigen Kindern zeigt, so daß sie eine Orientierung haben, in welcher Weise sie eine Schildkröte spielen sollen. Von Bedeutung ist, daß während des gesamten Bewegungsspieles die Kinder fortlaufend instruiert werden. Die Instruktionen leiten die Kinder kontinuierlich an, die Schildkröte in der richtigen Weise zu imitieren. Folgende Instruktionen sind dazu geeignet:

– *Ich gehe so langsam wie eine Schildkröte.*
– *Ich bin so leise wie eine Schildkröte.*
– *Ich bewege mich im Raum wie eine langsame, leise Schildkröte.*
– *Ich bin so aufmerksam wie eine leise und wachsame Schildkröte.*
– *Wenn ich jemanden berühre, ziehe ich mich wie eine Schildkröte in meinen Panzer zurück.*
– *Ich bewege mich wie eine langsame und leise Schildkröte.*

- *Wenn ich irgendwo anstoße, ziehe ich mich wie eine Schild-kröte in meinen Panzer zurück.*
- *Wenn mich jemand stupst, krieche ich in meinen Panzer zurück.*
- *Ich bin so leise und so langsam wie eine Schildkröte.*

• Mit den Kindern ist vor dem Bewegungsspiel abgesprochen worden, daß es eine wichtige **Regel** gibt. Diese Regel heißt: *Berühre ich jemanden, werde ich von jemandem geschubst oder stoße ich an einen Gegenstand an, dann ziehe ich mich wie eine Schildkröte in meinen Panzer zurück.*

Mit den Kindern wird vereinbart, daß sie ein **Signal** erhalten, wann sie aus ihrem Panzer wieder herauskommen dürfen. Dieses Signal besteht darin, daß der Pädagoge einer Schildkröte nach 30 bis 60 Sekunden über ihren Rücken streichelt; dieses ist für die Schildkröte das Signal, daß sie aus ihrem Panzer wieder herauskriechen und sich im Raum weiter bewegen darf.

Die Durchführung des Schildkröten-Phantasie-Verfahrens muß **täglich** erfolgen und immer zu einer **festen Zeit im Tagesablauf**. Sie kann z. B. in einer Schulklasse sofort zu Unterrichtsbeginn realisiert werden, damit die entstehende Ruhe und Ausgeglichenheit sich in das Unterrichtsgeschehen fortsetzt. Im Kindergarten sollte es im Laufe des langen Vormittages einen Einschnitt geben, der den Kindern hilft, zur Ruhe zu kommen. In einer solchen Phase kann beispielsweise die Schildkröten-Technik eingesetzt werden. Wird die Technik verwendet, dann ist sie für **mehrere Wochen** täglich durchzuführen. Ein Bewegungsspiel dauert etwa **fünf** bis maximal **zehn Minuten**.
In der **ersten Woche** wird den Kindern die Bewegung dadurch erleichtert, daß Tische, Bänke und sonstige Hindernisse beiseite geräumt werden. In der **zweiten Woche** wird das leise und langsame Bewegen dadurch erschwert, daß Hindernisse im Raum stehen bleiben, so daß die Kinder sich darunter oder darüber bewegen und dabei beachten müssen, sich so langsam und so leise wie eine Schildkröte zu verhalten. In der **dritten Woche** wird den Kindern eine Schildkröten-Geschichte erzählt, die ein Thema aufgreift, welches den Alltagserfahrungen der Kinder häufig nahekommt. Im folgenden Beispiel wird eine Streit- und Ärgersituation zwischen Kindern aufgegriffen. Die Geschichte lautet:

Eine kleine Schildkröte ging in die Schildkröten-Schule. Seit einigen Tagen besuchte sie die Schule nicht mehr gerne. Die kleine Schild-

kröte hatte nämlich öfters Streit mit einer anderen Schildkröte, die sie öfters anstieß, ihre Sachen wegnahm oder sich mit ihr prügelte. Oft wurde dann die kleine Schildkröte von der Lehrerin geschimpft. Dabei fühlte sich die Schildkröte nicht wohl, und am liebsten hätte sie die Schule geschwänzt. Eines Nachmittags besuchte die kleine Schildkröte eine Riesenschildkröte. Die Riesenschildkröte war eine Schildkröten-Opama, welche sehr alt und mit ihrem Panzer sehr groß war. Den ulkigen Namen hatte sie deshalb, weil keiner so genau wußte, ob sie ein Opa oder eine Oma war; sie grinste nur breit über das ganze Gesicht, wenn sie danach gefragt wurde; wahrscheinlich, so vermutete die kleine Schildkröte, wußte Schildkröten-Opama es selbst nicht mehr so genau, weil sie schon so uralt war und es vergessen hatte. Immer wenn die kleine Schildkröte in Not war, nicht mehr weiter wußte und sich ganz und gar nicht wohl fühlte, ging sie zu der Riesenschildkröte und holte sich Rat. Schildkröten-Opama schaute die kleine Schildkröte eine Weile nachdenklich an, nachdem sie ihr über die Probleme in der Schule berichtete hatte. Auf einmal funkelten die Augen der Schildkröten-Opama und sie begann zu lachen. Sie sagte: „Weißt Du eigentlich, daß Du die Lösung Deines Problemes mit Dir herumträgst?" Die kleine Schildkröte schaute die Schildkröten-Opama mit großen fragenden Augen an. Daraufhin klopfte und streichelte die Schildkröten-Opama über den Panzer der kleinen Schildkröte. Da wußte sie, was Schildkröten-Opama gemeint hat und mußte ebenfalls lachen. Die Schildkröten-Opama sagte: „Weißt Du, wenn ich mich ärgere oder wenn ich Angst habe, dann ziehe ich mich einfach für einen Moment in meinen Panzer zurück, bis mein Ärgergefühl oder meine Angst verschwunden sind. Danach komme ich aus meinem Panzer wieder raus und schaffe es, z. B. nicht wütend loszubrüllen, sondern ruhig zu sagen, was mich ärgert oder was ich möchte." Froh und vergnügt machte sich die kleine Schildkröte wieder auf den Nachhauseweg. Jetzt hatte sie eine Lösung für ihr Problem. Am nächsten Morgen in der Schule probierte sie den Tip der Riesenschildkröte gleich aus. Als der Schildkröten-Banknachbar der kleinen Schildkröte aus Versehen das Buch vom Tisch warf und in der kleinen Schildkröte sofort Wut aufstieg, und sich das erste Schimpfwort schon auf den Lippen befand, erinnerte sie sich an den Rat der Riesenschildkröte und verkroch sich in ihren Panzer, bis das meiste Wutgefühl vorüber war. Als sie wieder aus ihrem Panzer heraus kam, stand die Lehrerin mit lachendem Gesicht vor der kleinen Schildkröte und lobte sie dafür, daß sie nicht sofort losgeschimpft und losgehauen hatte. Das machte die kleine Schildkröte sehr zufrieden und stolz; sie probierte den Trick mit dem Schutzpanzer noch öfters erfolgreich aus.

Nachdem den Kindern diese Geschichte erzählt wurde, sollen sie sich während des Bewegungsspiels vorstellen, daß sie sich wie die kleine Schildkröte geärgert haben, wütend sind und sich daraufhin für einen Moment in ihren Schutzpanzer zurückziehen. Die Kinder bestimmen selbst, wann sie aus ihrem Schutzpanzer wieder herauskommen. Dies sollen sie dann tun, wenn sich in ihrer Vorstellung der Ärger gelegt hat – wie bei der kleinen Schildkröte. Im übrigen werden die Instruktionen während des Bewegungsspiels wie in den beiden Wochen zuvor gegeben: Die Kinder bewegen sich so langsam und so leise wie eine Schildkröte im Raum. Die Kinder erhalten für diese dritte Woche die Aufgabe, sich dann in ihren vorgestellten Panzer zurückzuziehen, wenn sie sich unruhig, wütend oder ängstlich fühlen. Sie kommen aus ihrem gedachten Schutzpanzer wieder heraus, das heißt, sie dürfen reagieren, nachdem sie ruhig geworden sind. Der Pädagoge lobt die Kinder sowohl dafür, daß sie das bedächtige, langsame und leise Verhalten der Schildkröte gut imitieren, als auch dafür, daß sie sich im richtigen Moment zurückziehen; auch werden die Kinder ermuntert, sich gegenseitig für ruhiges und besonnenes Verhalten anzuerkennen und zu loben.

Ist das Schildkröten-Phantasie-Verfahren vier bis sechs Wochen lang täglich durchgeführt worden, können Sättigungseffekte auftreten. Bevor dies geschieht, kann das Motiv des Tieres gewechselt werden und ein ähnliches geeignetes Tier mit den Kindern erarbeitet werden, welches sie hinsichtlich der Bewegungen imitieren sollen. Geeignet sind beispielsweise der Igel, eine Schnecke oder eine Katze. Man kann auch das Schildkröten-Phantasie-Verfahren schrittweise ausblenden. Dies geschieht, indem das Bewegungsspiel für eine Woche nur noch dreimal, und zwar jeden zweiten Tag, durchgeführt wird; in der darauffolgenden Woche wird es zweimal über die Woche verteilt realisiert; in der dritten und vierten Woche der Ausblendungsphase wird es einmal und ab der fünften Woche nicht mehr angewendet. Es bleibt jedoch für die Kinder die Aufgabe bestehen, sich in Ärger- und Angstmomenten in ihren vorgestellten Schutzpanzer zurückzuziehen, bis sie ruhig oder mit Mut reagieren können. Für Kinder ist es eine Hilfe, wenn der Pädagoge ihnen im Alltag durch Stichworte eine Erinnerung und zugleich eine Verhaltensinstruktion gibt; eine solche Instruktion kann lauten: „Kluge Schildkröten gehen in ihren Schutzpanzer!" Kleine Reime finden Kinder lustig und prägen sie sich gut ein:

„Hast Du Nöte,
denk' an die Schildkröte!"

oder

„Hau' nicht auf den Putz,
kehr' zu Deinem Schutz
in den Panzer ein
wie die Schildkröte Bein für Bein!"

Instruktionen oder ein Reim werden gegeben, wenn sich eine für ein Kind schwierige oder Konfliktsituation anbahnt, damit es eine Hilfe zur Emotionsbewältigung anwenden und sich in der Folge davon angemessen verhalten kann.

4.1.2   Progressive Muskelentspannung – eine Version für Jugendliche

Ein besonders für Jugendliche geeignetes Entspannungsverfahren stellt die Progressive Muskelentspannung dar. Jugendliche haben deutlich mehr Probleme als Kinder, Entspannungsverfahren zu akzeptieren, positiv zu bewerten und mit Überzeugung zu üben. Dies hängt damit zusammen, daß Entspannung manchmal dem **Selbstbild** von Jugendlichen **widerspricht**. Besonders bei männlichen Jugendlichen widerspricht Entspannung dem Körperselbstbild. Sie wollen überlegen sein, cool wirken, sich über körperliche Kraft oder sportliches Aussehen definieren. Entspannung assoziieren sie hingegen mit Schwäche, mit Hilflosigkeit, Unterlegenheit und Sich-ausliefern. Wiederum andere Jugendliche reagieren zwar positiv auf Entspannungsverfahren; sie benutzen diese jedoch manchmal als willkommenes **Flucht-** und **Vermeidungsritual**, um Alltagsproblemen aus dem Weg zu gehen. Das bedeutet, sie möchten ein schönes Gefühl erzeugen, ohne aber diese psychische Ausgeglichenheit für eine aktive Problembewältigung oder Verhaltensänderung zu nutzen. Ein Drittes ist bei Jugendlichen zu beachten: Jugendliche haben eine deutlich **höhere Selbstaufmerksamkeit** im Vergleich zu Kindern. Aus diesem Grund können bei ihnen leichter Schamgefühle auftreten, was besonders bei der Durchführung von Entspannung in **Jugendlichengruppen** berücksichtigt werden muß. Im Zusammenhang mit der hohen Selbstaufmerksamkeit und Schamgefühlen von Jugendlichen spielt es auch eine Rolle, ob Entspannung im Sitzen oder im Liegen durchgeführt wird. Viele Jugendliche erleben Sitzen als angenehmer. Weigern sich Jugendliche, bei einer Entspannungsübung mitzumachen, dann kann dies mit der Gruppensituation oder der Körperposition zusammenhängen (vgl. PETERMANN & PETERMANN, 1996 a).

Führt man also Entspannungsverfahren bei Jugendlichen durch, so sind bei diesen in besonderem Maße das Alter, das Geschlecht, die Bezugsgruppe, die persönliche Entwicklung des Jugendlichen und die Tatsache zu beachten, ob Entspannung in einem Einzel- oder Gruppenkontakt durchgeführt wird.

„Bereitschaft für Entspannungsübungen findet man am ehesten bei älteren Jugendlichen, weiblichen Jugendlichen und solchen, deren Körperbild dies zuläßt. Hat ein Jugendlicher sehr massive und vielfältige Verhaltens- und Arbeitsprobleme, so wird er wahrscheinlich auch Entspannungsübungen verweigern. Besteht die Bezugsgruppe aus Jugendlichen, die in Heimerziehung, Strafvollzugsanstalt, großen stationären Institutionen leben oder einer Jugendbande angehören, so kann dies ebenfalls ein Hinderungsgrund für Entspannungsübungen sein. Die Bezugsgruppen prägen das Selbstbild eines Jugendlichen entscheidend, und die genannten Bezugsgruppen schreiben sich häufig ein Image von Stärke zu, das Entspannung zuwider läuft" (PETERMANN & PETERMANN, 1996a, S. 165).

Besteht zwischen Jugendlichen und einem Erwachsenen, der Entspannung beabsichtigt durchzuführen, ein Vertrauensverhältnis und gibt es in der Gruppe von Jugendlichen keine grundlegende Konflikte und Antipathien, dann ist es durchaus möglich, ein Entspannungsverfahren zu realisieren. Hierfür eignet sich die Progressive Muskelentspannung in besonderem Maße. Dies hängt damit zusammen, daß die Progressive Muskelentspannung

* ein körperbezogenes Vorgehen ist
* ein aktives Entspannungsverfahren darstellt und
* kein suggestives Vorgehen ist, welches Entspannung „einredet".

Das **Prinzip** der Progressiven Muskelentspannung besteht darin, daß durch das **gezielte Anspannen einzelner Muskelgruppen**, welche nach einigen Sekunden der Anspannung wieder gelockert werden, ein **Kontrasteffekt** in den betreffenden Muskeln erlebt wird. Nach JACOBSON (1990) soll eine Person mit Hilfe der Progressiven Muskelentspannung mit an- und entspannten Muskeln so vertraut werden, daß sie in jedem Körperteil angespannte Muskelpartien erkennen und dann lockern kann. Verschwindet die Anspannung in den Muskeln, so bedeutet dies nach JACOBSON, daß sich die Muskelgruppe entspannt. Neben diesen genannten Vorteilen des Verfahrens für Jugendliche liegen weitere darin, daß es eine gut erlernbare Entspannungsmethode darstellt, bei der aufgrund des Kontrasteffektes rasch Entspannungswirkungen erlebt werden. Insbesondere können

Prinzip der Progressiven Muskelentspannung

Schwere- und Wärmesationen in den Armen und Beinen empfunden werden.

Unsicherheit von Jugendlichen im Umgang mit Entspannungsverfahren kann abgebaut und **Motivation** zur Entspannungsübung aufgebaut werden, indem das Vorgehen **konkret beschrieben**, erklärt und die **Ziele** genannt werden. Die Progressive Muskelentspannung ist eine Fertigkeit, die genauso gelernt und geübt werden muß wie Fahrradfahren oder Schwimmen. Wird sie regelmäßig angewendet, bringt sie **vielfältige Vorteile** mit sich, zum Beispiel, daß sich der Jugendliche besser fühlt, weniger aufgeregt ist, etwa vor Klassenarbeiten, sich nach der Entspannung besser konzentrieren kann und körperlich fit fühlt. Für die Durchführung mit Jugendlichen reicht eine **Kurzform der Progressiven Muskelentspannung** aus. Die Entspannungsübungen werden dazu auf einige Muskelgruppen und Körperteile begrenzt. Ein Entspannungsdurchgang dauert **15 bis 20 Minuten**. Bei Jugendlichen ist eine Entspannungsphase beispielsweise am Ende einer sportlichen Aktivität gut einsetzbar und wird von ihnen in diesem Kontext gut akzeptiert.

Die **Kurzform** besteht aus **sieben Schritten** (vgl. PETERMANN & PETERMANN, 1996a, S. 166). Der folgende Kasten gibt die einzelnen Schritte des Entspannungsvorgehens wieder.

Schritte des Entspannungsvorgehens

1. **Anspannen von Hand, Unterarm und Oberarm** der dominanten Körperseite (meistens rechts): Den Arm vor sich ausstrecken, in der Ellenbeuge dann um 45° anwinkeln und eine Faust machen, die fest zuzudrücken ist.

2. Das **gleiche Vorgehen** wird mit der anderen, nicht-dominaten Seite (meistens links) durchgeführt.

3. **Anspannen der Augenregion:**
   (a) Stirnrunzeln, indem die Augenbrauen hochgezogen werden;
   (b) Augenübung, indem die Augenbrauen zusammengezogen werden, so daß sich über der Nase eine senkrechte Falte bildet.

4. **Anspannen der Schultern:**
   (a) Die Schultern werden zurückgezogen, als wollten sich die Schulterblätter auf dem Rücken berühren;
   (b) die Schultern werden hochgezogen, so daß der Hals verschwindet und die Schultern die Ohrläppchen fast berühren.

Bei beiden Übungen ist es hilfreich, beim Zurück- bzw. Hochziehen der Schultern tief einzuatmen und die Luft für die Sekunden der Anspannung anzuhalten.

5. **Anspannen des Rumpfes:**
   (a) Die Bauchmuskeln werden angespannt, indem der Bauch eingezogen wird. Auch hierbei kann das Weiteratmen stören; deshalb wird mit dem Baucheinziehen tief eingeatmet und für die Zeit der Anspannung die Luft angehalten;
   (b) Der Rücken wird zu einem Hohlkreuz durchgedrückt.

6. **Anspannen von Ober-, Unterschenkel und Fuß** der dominaten Körperseite (meistens rechts): Das Bein wird ausgestreckt und leicht von der Sitzfläche abgehoben. Die Zehen werden vom Körper weggestreckt und der Fuß leicht nach innen gedreht, also zum anderen Bein hin. **Alternativ** besteht die Möglichkeit, den Fuß des ausgestreckten Beines zu sich heranzuziehen, statt vom Körper wegzustrecken.

7. Das **gleiche Vorgehen** wird mit der anderen, nicht-dominanten Körperseite (meistens links) durchgeführt.

Durchführung

Die Entspannung wird mit Jugendlichen immer im Sitzen durchgeführt. Sie sollen die im Abschnitt 3.2 beschriebene **Sitzhaltung** einnehmen und die **Augen schließen**. Nacheinander wird jede Muskelgruppe angespannt und wieder entspannt. Zählt man die Teilübungen (a) und (b) getrennt, dann sind es zehn Entspannungsschritte, also zehn Muskelgruppen, die an- und entspannt werden. Jede Entspannung einer Muskelgruppe muß unmittelbar wiederholt werden. Die Reihenfolge ist die im Kasten angegebene.

Es ist wichtig, daß vor Übungsbeginn mit den Jugendlichen ein **Signal** verabredet wird, auf welches hin sie die Anspannung ausführen. In der Regel wird das Wort „jetzt" abgesprochen. Der Ablauf wird wie folgt realisiert: Die Entspannungsübung einer einzelnen Muskelgruppe wird kurz beschrieben und auf das Signal von Jugendlichen ausgeführt. Lediglich bei der Armübung gibt es den Unterschied, daß die Jugendlichen während der Instruktion den Arm hochnehmen, anwinkeln und die Hand zu einer Faust ballen; das Zudrücken der Faust jedoch und damit das Anspannen der Arm- und Schultermuskulatur erfolgt erst auf das Signal hin. Die Phase der **Anspannung** dauert **fünf bis sieben Sekunden,** während der Jugendliche angewiesen wird, sich auf die Anspannungsgefühle des betreffenden Körperteils zu konzentrieren: „Achte darauf, wie es in den Muskeln zieht, wie sie hart und fest sind, wie sich die Spannung in den Muskeln anfühlt!"

Auf ein weiteres verabredetes Signal hin wird die Muskelgruppe wieder entspannt und gelockert. Ein solches Signal kann beispielsweise aus den Worten „nun loslassen" bestehen; das heißt, der betreffende Körperteil wird in seine Ausgangslage gebracht; der Arm fällt auf den Oberschenkel zurück, die Schultern werden wieder herabgelassen oder die Augenbrauen werden wieder heruntergezogen, das Bein bzw. der Fuß fällt auf den Boden. Wichtig ist, daß das Lockern der Muskeln sofort und vollständig erfolgt und nicht langsam und allmählich durchgeführt wird. Die Phase der Entspannung dauert 30 bis 40 Sekunden, und während dieser Zeit wird der Jugendliche instruiert, sich auf die Körperreaktionen, die sich in den zuvor angespannten Muskelpartien zeigen, zu konzentrieren. Der Jugendliche soll den Kontrasteffekt in der Muskelgruppe wahrnehmen. Instruktionen helfen dem Jugendlichen, sich auf das Entspannungsgeschehen in den Körperteilen zu konzentrieren: „Konzentriere Dich darauf, was Du jetzt in Deinen Muskeln spürst. Achte auf den Unterschied von An- und Entspannung. Konzentriere Dich auf den Gegensatz von An- und Entspannung!" Diese, die Aufmerksamkeit lenkenden Aussagen sollen die Wahrnehmung des Jugendlichen auf seine Körpervorgänge lenken. Suggestive Aussagen müssen vermieden werden. Formulierungen wie z. B. „Deine Muskeln sind ganz entspannt. Fühle die Wärme in Deinen Armen!" sind falsch und müssen vermieden werden (vgl. PETERMANN & PETERMANN, 1996 a).

Als Assoziationshilfen können bei den einzelnen Anspannungs-Übungen noch folgende Instruktionen gegeben werden:

- **Armübung:** Stelle Dir vor, Du drückst einen nassen Schwamm aus.
- **Stirnübung:** Runzele die Stirn, wie wenn Du über etwas angestrengt nachdenkst; lasse die Stirn los, wie wenn Dir etwas wieder eingefallen ist.
- **Augenübung:** Ziehe die Augenbrauen zusammen, wie wenn Du böse schauen und jemanden erschrecken wolltest.
- **Schulterübung (Hochziehen):** Ziehe die Schultern hoch, als ob Du mit den Achseln zucken würdest, nach dem Motto: „Ich weiß es nicht!"
- **Rumpfübung:** Ziehe den Bauch ein, wie wenn Du eine zu enge Hose anziehst und tief Luft holst, damit der Reißverschluß zugeht.
- **Beinübung:** Strecke Bein und Zehen von Dir weg, als ob Du etwas von Dir am Boden liegendes erreichen und zu Dir heranholen wolltest.

Nach der wiederholten Anspannung einer Muskelgruppe soll diese **nicht mehr bewegt** werden, da sonst der Entspannungsprozeß unterbrochen wird und wieder eine körperliche Aktivierung stattfindet. Jugendlichen können die Übungen erleichtert werden, indem der Erwachsene die einzelnen Übungen vor- und mitmacht. Dadurch hat ein Jugendlicher weniger den Eindruck, beobachtet zu werden, und es tritt ein Reaktionserleichterungseffekt ein, der die Durchführung der einzelnen Übungen erleichtert. Es ist sinnvoll, das erste Mal nicht alle Entspannungsübungen auf einmal mit Jugendlichen durchzuführen; zwei oder drei Übungen mit Wiederholung können anfangs durchgeführt werden, und in einem zweiten sowie dritten Treffen schließen sich schrittweise die restlichen Übungen an.

Am Ende einer jeden Entspannungsübung muß ein Jugendlicher korrekt zurückgenommen werden (vgl. auch im Abschnitt 2. 1.1). Dazu wird ein Jugendlicher aufgefordert:

Beendigung

1. Strecke und recke Deine Arme und Beine!
2. Atme dreimal tief und hörbar ein und aus!
3. Öffne Deine Augen wieder!

Der Jugendliche soll noch für einige Minuten sitzen bleiben, bis sich der Kreislauf wieder ausreichend aktiviert hat.

Mangelnde Entspannung kann man daran erkennen, daß die Jugendlichen auf ihrem Stuhl unruhig hin- und herrutschen oder die Arme und Beine nach der Entspannung wieder bewegen, daß keine ruhige und gleichmäßige Atmung beobachtbar ist, daß die Augen zwischendurch geöffnet werden, daß unter den geschlossenen Lidern die Augäpfel hin- und herbewegt werden, Stirnrunzeln auftritt, der Schluckreflex noch vorhanden ist, Lachen und Kichern auftreten. PETERMANN & PETERMANN (1996a, S. 167) weisen darauf hin, wie man mit verschiedenen Schwierigkeiten, die bei der Durchführung der Entspannung mit Jugendlichen auftreten können, umgehen kann.

Schwierigkeiten

„Der Trainer sollte nicht auf dem Ablegen einer Uhr, einer Brille usw. bestehen, ebenso nicht auf dem Lockern eines zu engen Gürtels. Aber bei der Brille muß er darauf hinweisen, daß sie bei der Augen-Übung sehr stören kann.

Unnötige und unerwünschte Bewegungen, Lachen und Sprechen sollten während der Entspannung ignoriert werden. Ruhig und bestimmt gibt der Trainer seine Instruktionen weiter. Nach der Übung kann er darauf zu sprechen kommen und nach den Gründen fragen. Er kann auch eine zweite Übungssitzung abwarten, ob sich das Verhalten wiederholt. Es ist bedeutend, den Jugendlichen noch einmal auf den Wirkungszusammenhang von An- und Enstpannung, der Konzentration darauf und die Unbeweglichkeit während der Übung hinzuweisen. Die Entspannung sollte jedoch nicht derart erfolgen, daß der Jugendliche einschläft. Hat der Trainer diesen Eindruck, dann sollte er seine Stimme etwas anheben und lauter sprechen – allerdings ohne den Jugendlichen zu erschrecken. Sprechpausen sollten dann unter sechs Sekunden bleiben."

4.2   Imaginative Entspannungsverfahren

Bei jedem Entspannungsvorgehen ist es von Bedeutung, daß es mühelos und ohne besondere Konzentrationsleistung durchgeführt werden kann. Diese Anforderung gilt insbesondere für Kinder, vor allen Dingen, wenn die Kinder jüngeren Alters (unter zehn Jahren) oder lernbehindert sind. Anstrengungsarme Entspannungsverfahren sind die imaginativen Methoden, die geeignete Vorstellungsbilder und Geschichten verwenden. Gut durchdachte imaginative Techniken verfolgen kein bestimmtes Ziel und haben dennoch eine spezifische mentale Wirkung, die Entspannung zur Folge hat. Imaginative Verfahren sind häufig kombiniert mit anderen Entspannungsarten, z. B. mit kognitiven Techniken. In den folgenden Abschnitten werden Beispiele für solche imaginativen Verfahren gegeben (vgl. PETERMANN & PETERMANN, 1993b; PETERMANN, 1993a; PETERMANN, U. 1994a).

4.2.1   Kapitän-Nemo-Geschichten

Die Kapitän-Nemo-Geschichten stellen ein imaginatives Entspannungsverfahren dar, welches mit kognitiven Entspannungselementen kombiniert ist. Bei diesem kombinierten Verfahren kommt es wesentlich darauf an, eine ideale Verknüpfung zwischen den Entspannungsinstruktionen einerseits und den verwendeten Imaginationen andererseits zu finden (vgl. SMITH, 1988). Es scheint so zu sein, daß die Kombination von imaginativen und kognitiven Entspannungsinstruktionen der jeweils alleinigen Anwendung überlegen ist. In den Kapitän-Nemo-Geschichten werden die Geschichteninhalte mit den Entspannungsinstruktionen genau abgestimmt. Dies ist von großer Bedeutung, da damit das Entspannungsgeschehen von Kindern schnell nachvollziehbar und Schwere- sowie Wäremesensationen leichter erlebbar werden. Nur unter dieser Bedingung sind Kinder mühelos in der Lage, sich ohne Konzentrationsleistungen zu entspannen.

Die Kapitän-Nemo-Geschichten bestehen aus inzwischen vierzehn ausgearbeiteten Unterwassergeschichten, deren Hauptpersonen Kapitän Nemo und von ihm eingeladene Kinder sind. Die Kinder gehen mit Kapitän Nemo in seinem Unterwasserboot Nautilus auf eine längere Unterwasserreise. Besondere Ereignisse stellen die Unterwasserausflüge dar, für die sich die Kinder vorbereiten müssen, um das Unterwasserboot Nautilus verlassen zu können. Entsprechend diesem Geschichtenaufbau, teilt sich eine Unterwassergeschichte in die sogenannten **Einstiegsbilder** und die sogenannten **Erlebnisbilder**. Die Einstiegsbilder müssen zu Beginn einer jeden Unterwassergeschichte in gleichbleibender Weise formuliert werden. Zentrales Geschehen in dieser Geschichtenphase ist das schrittweise Anlegen des Taucheranzuges, mit dem die Kinder Körperteil für Körperteil ruhig werden. Sind sie dann vorbereitet, gleiten sie durch die Ausstiegsluke des Nautilus mit Kapitän Nemo zusammen ins Wasser. Die dann folgende Erzählung stellt die Erlebnisbilder dar, deren Motive von Geschichte zu Geschichte wechseln. Die Erlebnisbilder haben beruhigende und das Entspannungsgefühl intensivierende Funktionen. Zugleich bilden sie aufgrund wechselnder Motive einen Anreizwert, so daß Sättigungseffekte bei den Kinder lange hinausgezögert werden können.

Einstiegsbilder und Erlebnisbilder

Zentral in den Kapitän-Nemo-Geschichten sind **Leitmotive**, die aus der Figur des Kapitän Nemo, dem Taucheranzug, dem Unterwasserboot Nautilus und den einzelnen Unterwasserausflügen bestehen. Diese Leitmotive sind von großer Bedeutung, da sie Unsicherheit und Ängste reduzieren und dem Kind Hilfen zur Orientierung geben.

Leitmotive: Kapitän Nemo, Taucheranzug, Unterwasserboot Nautilus

Das **Motiv des Wassers** wurde gezielt gewählt, um die spezifischen Wirkungen auf den Körper in der Vorstellung zu nutzen. Ein Körper in bzw. unter Wasser wird schwerelos, das heißt, auf eine besondere Art schwer. Geräusche können nur schwer erzeugt werden und sind gedämpft. Für aggressive und hyperaktive Kinder ist von Bedeutung, daß sie auch unter Wasser nicht laut schreien, schimpfen und reden können. Das Farberleben ist unter Wasser intensiv und wird entsprechend beschrieben.

Motiv des Wassers

Das Unterwassermotiv und die veränderten Körperempfindungen knüpfen an Alltagserfahrungen von Kindern an, die in der Regel aufgrund von Schwimmbad- oder Badewannenerlebnissen positiv sind. So ist es den Kindern gut möglich, in der Vorstellung Schwere- und Wärmesensationen nachzuvollziehen (vgl. PETERMANN & PETERMANN, 1994).

In die einzelnen Entspannungsgeschichten werden systematisch die Instruktionen der **ersten beiden Grundübungen des Autogenen Trainings** integriert; also die Schwere-Übung mit den Armen und

Schwere-Übung und Wärme-Übung

Beinen sowie die Wärme-Übung mit den Armen und Beinen. Diese kognitiven Entspannungsinstruktionen sollen das Entspannungsgeschehen, welches bereits durch die Imaginationen ausgelöst wurde, vertiefen und den Kindern die veränderten Körperempfindungen verdeutlichen. Die Instruktionen aus dem Autogenen Training werden nicht in der ersten Geschichte auf einmal integriert, sondern auf vier Geschichten verteilt an jeweils passenden Stellen einer Geschichte eingebaut. Das heißt also, daß in der ersten Entspannungsgeschichte nur die Schwere-Übung mit den Armen integriert ist, in der zweiten Entspannungsgeschichte kommt die Schwere-Übung mit den Beinen hinzu und so fort. Man benötigt also minimal vier Geschichten, bis die beiden Grundübungen des Autogenen Trainings vollständig aufgebaut sind.

Darüber hinaus können Instruktionen im Sinne von **Vorsatzformeln** in einen Entspannungsprozeß hineingenommen werden. Für verhaltensgestörte Kinder wurde eine Vorsatzformel, die auf die Kapitän-Nemo-Geschichten abgestimmt ist, gewählt; sie lautet: **Nur ruhig Blut, dann geht alles gut.** Sie wird ebenfalls nicht gleich in den ersten Geschichten, sondern ab der vierten oder fünften Geschichte verwendet; und zwar passend zum Handlungsablauf der jeweiligen Unterwassergeschichte. Das bedeutet, daß das Kind in seiner Phantasie Entspannung aktiv handelnd erlebt. Dazu dienen solche Handlungsanleitungen wie der Kapitän-Nemo-Spruch, der eine Reaktionspropositon darstellt (vgl. Abschnitt 2.3). Imaginationen mit **Reaktionspropositionen** zeigen, wie bereits erwähnt, bessere Effekte als Stimuluspropositionen. Bei den Reaktionspropositionen werden die Kinder instruiert, sich die Geschichten nicht nur genau vorzustellen; vielmehr sind sie auch selbst Akteure in den Situationen. Bei Stimuluspropositionen würden die Kinder lediglich passiv der Geschichte zuhören, ohne sich in der Phantasie an dem Geschehen der Geschichte zu beteiligen.

„Kinder reagieren auf Reaktionspropositionen in Imaginationen mit physiologischen Begleitreaktionen, und von Sitzung zu Sitzung treten mehr Übungseffekte auf, d. h. Kinder können ihre Vorstellungen differenzierter aufbauen und ihre Kognitionen strukturieren. Selbstberichte der Kinder zeigen lebhaftere Vorstellungen bei den Reaktionspropositionen als bei den Stimuluspropositionen. Die Effektivität scheint darauf zurückzuführen zu sein, daß eine Übereinstimmung von verbalen, behavioralen und physiologischen Reaktionen hergestellt wird (vgl. PETERMANN & PETERMANN, 1993b, S. 326; zitiert nach HERMECZ & MELAMED, 1984)".

Vorsatzformel

Die Kapitän-Nemo-Geschichten dürfen in den Erlebnisbildern keine angstauslösenden oder zu dramatischen Schilderungen enthalten. Generell wird die Unterwasserwelt als hell, sonnendurchflutet, warm und ohne gefährliche Tierwelt, wie etwa Haie, geschildert. Bevor das erste Mal eine Kapitän-Nemo-Geschichte erzählt wird, muß ein Kind genau darauf **vorbereitet** werden. Es muß sich ein Unterwasserboot, einen Taucheranzug und die Unterwasserwelt vorstellen können, wobei die Phantasie der Kinder durch gezielte Informationen gelenkt wird. Für viele Kinder ist es hilfreich, wenn sie geeignete Bilder betrachten und malen können, wie sie sich die Unterwasserwelt vorstellen. Der Taucheranzug ist den Kindern so zu beschreiben, daß er den Körper ganz einhüllt und schützt, aber nicht zu eng anliegt. Weiterhin ist bei der Vorbereitung darauf zu achten, daß die Kinder mit einem Unterwasserboot kein enges Kriegs-U-Boot assoziieren, sondern die Vorstellung vermittelt bekommen, daß in das geniale Unterwasserboot von Kapitän Nemo sieben Klassenzimmer hineinpassen würden. Die Tatsache, daß die Kinder mit einem Sauerstoffgerät auf dem Rücken problemlos Luft holen können, vermittelt den Kindern, daß sie nicht schwimmen können müssen, um mit Kapitän Nemo auf Unterwasserausflüge zu gehen. Für viele Kinder ist es auch wichtig zu erfahren, daß Kapitän Nemo sich sehr gut in der Unterwasserwelt auskennt und deshalb die Kinder sicher auf den Ausflügen führen kann. Stellt sich bei der Vorbereitung heraus, daß ein Kind vor Wasser große Angst hat, dann ist es im pädagogischen Kontext sinnvoll, keine Unterwassergeschichte zu erzählen, sondern auf ein anderes, für dieses Kind angemessenes Ruheritual zurückzugreifen.

Vorbereitung der Kinder

Im Anschluß an eine erzählte Unterwassergeschichte wird mit den Kindern kurz über die Geschichte, über ihre Körperempfindungen und ihre Phantasie gesprochen. Dies ermöglicht eine Kontrolle darüber, ob sich die Phantasie des Kindes verselbständigt hat, ob angstauslösende Assoziationen auftauchten, ob mit Entspannung unverträgliche Phantasiebilder vorkamen und wie sich das Entspannungserleben für die Kinder darstellte. Sie werden nach Schwere- und Wärmesensationen gefragt.

Gespräch über Körperempfindungen und Phantasien

Die Kapitän-Nemo-Geschichten können von ihrem Aufbau her und je nach „Rückhol-Formel" entweder zur Verbesserung der Konzentration oder zur Erleichterung des Einschlafens angewendet werden. Die vorliegenden vierzehn Geschichten befinden sich ausgearbeitet zum einen im Handbuch der Entspannungsverfahren, Band 2: Anwendungen (PETERMANN & VAITL, 1994); zum anderen sind die vierzehn Geschichten auf zwei Audiokassetten verteilt (vgl. PETERMANN, 1993a); die erste Kassette enthält sechs Geschichten, die vor dem

Erledigen von Hausaufgaben angehört werden können; sie dienen also der Verbesserung von Ruhe und Konzentration. Auf der zweiten Kassette sind acht Geschichten für die Situation vor dem Einschlafen zu hören. Kindern wird immer nur eine Geschichte vorgelesen und nicht mehrere auf einmal. Eine Geschichte kann auch erzählt oder mit Kindern gemeinsam von der Kassette gehört werden. Abschließend folgt ein Beispiel für eine Unterwassergeschichte mit dem Motiv **Die Schatzkarte** (PETERMANN, U., 1994, S. 321 ff.).

Einstiegsbild

Stelle Dir vor, Du bis von Kapitän Nemo in sein Unterwasserboot Nautilus eingeladen worden. Ihr fahrt gemeinsam durch alle Weltmeere und seht viele, wunderschöne Dinge unter Wasser. Die schönsten Stunden sind immer die, wenn Kapitän Nemo Dich auf seine Unterwasserausflüge mitnimmt.

Dazu ziehst du einen speziellen Taucheranzug an. Er hat eine besondere Wirkung auf Dich. Du merkst schon beim Anziehen, daß Du vollkommen ruhig wirst.

*Zuerst steigst Du mit Deinem rechten Bein in den Taucheranzug. Du merkst und sagst zu Dir: **Mein rechtes Bein ist ganz ruhig.** Dann kommt das linke Bein dran. Auch das linke Bein wird ganz ruhig. Du sagst zu Dir: **Mein linkes Bein ist ganz ruhig.** Du ziehst Deinen Taucheranzug über den Po und den Rücken herauf, dann schlüpfst Du mit dem rechten Arm in den Taucheranzug, und Du sagst zu Dir: **Mein rechter Arm ist ganz ruhig.** Du ziehst den linken Arm an und er wird auch vollkommen ruhig. Du sagst zu Dir: **Mein linker Arm ist ganz ruhig.** Du ziehst noch die Kapuze über den Kopf und machst den Reißverschluß vorne zu. Jetzt bist Du von dem Taucheranzug rundherum eingehüllt und geschützt. Du fühlst Dich in dem weiten und bequemen Taucheranzug wohl, sicher und vollkommen ruhig.*

Zum Schluß ziehst Du noch die Schwimmflossen an, setzt die Taucherbrille auf und Kapitän Nemo hilft Dir, das Sauerstoffgerät auf den Rücken zu nehmen. Du nimmst das Mundstück in den Mund, wo wie es Dir Kapitän Nemo gezeigt hat, und jetzt bist Du für den Unterwasserausflug mit Kapitän Nemo bereit.

Erlebnisbild

Nacheinander gleiten Kapitän Nemo und Du durch die Ausstiegsluke des Nautilus ins Wasser. Du landest weich auf dem feinen, weißen Sand des Meeresbodens. Heute will Kapitän Nemo mit Dir eine Schatzkarte suchen. Du freust Dich darauf und bist gespannt, ob Ihr sie finden werdet. Er führt Dich sicher durch die Unterwasserwelt, in

der es viele wunderbare Tiere und Pflanzen zu sehen gibt. Ein klei-
ner Schwarm von Fischen begleitet Euch wieder bei Eurem Unter-
wasserausflug. Die Fische schwimmen ruhig und sicher neben Euch
her.

Auch Du gleitest ruhig und sicher, vollkommen eingehüllt und
geschützt von Deinem Taucheranzug neben Kapitän Nemo durch das
Wasser. Ihr seid an einem Platz angelangt, wo große wunderbare
Steine im Sand liegen. Kapitän Nemo hat Dir vor dem Unterwasser-
ausflug erzählt, daß er die Schatzkarte unter einem dieser Steine ver-
mutet. Ihr schwimmt nun wie die Fische um die einzelnen Steine
herum. Ihr fangt an, einen Stein nach dem anderen umzudrehen, in
der Hoffnung, möglichst bald die Schatzkarte zu finden. Du bewegst
Dich in dem hellen, warmen Wasser zwischen den Steinen hin und
her und steuerst auf einen dunkelgrünen Stein zu, der ganz moosbe-
wachsen ist. Du hebst ihn hoch, aber leider ist nichts darunter. Du
gleitest zum nächsten Stein, der lila schimmert. Er ist etwas größer
und schwerer als der Stein zuvor. Aber Du schaffst es noch sehr gut,
ihn herumzudrehen. Wieder ist nichts darunter.

Du schaust zu Kapitän Nemo hin; auch er hat bis jetzt noch nichts
gefunden. Du hoffst, daß Du derjenige bist, der die Schatzkarte fin-
det. Zügig schwimmst Du zum nächsten Stein. Dieser schimmert gol-
den. Viele, viele kleine Kristalle auf dem Stein reflektieren das Licht
so, daß er aussieht, also ob er aus Gold wäre. Ob unter diesem Stein
wohl die Karte liegt? Du drehst ihn herum, aber wieder findest Du
nicht die Schatzkarte. Auf diesen goldenen Stein setzt Du Dich, denn
Du spürst, daß Deine Arme und Beine von der anstrengenden Tätig-
keit auf besondere Art angenehm schwer geworden sind. Du sagst zu
dir: Mein rechter Arm ist auf besondere Art im Wasser schwer! Mein
rechter Arm ist auf besondere Art schwer! Auch bei Deinem linken
Arm bemerkst Du diese Wirkung des Wassers, und Du sagst zu Dir:
Mein linker Arm ist auf besondere Art im Wasser schwer! Mein lin-
ker Arm ist auf besondere Art schwer! Du sitzt auf Deinem Stein
und schaust Kapitän Nemo zu, der immer noch nichts gefunden hat.
Nun bemerkst Du auch deine, auf besondere Art schweren Beine,
und Du sagst zu dir: Mein rechtes Bein ist auf besondere Art im
Wasser schwer! Mein rechtes Bein ist auf besondere Art schwer!
Inzwischen spürst Du auch dein linkes Bein, und Du sagst zu Dir:
Mein linkes Bein ist auf besondere Art im Wasser schwer! Mein lin-
kes Bein ist auf besondere Art schwer!

Ruhig und sicher mit angenehm schweren Armen und Beinen erhebst
Du Dich und schwimmst zu einem nächsten Stein. Du gibst nicht auf
weiterzusuchen, und der Kapitän-Nemo-Spruch hilft Dir dabei:
„Nur ruhig Blut, dann geht alles gut!" Der Stein schillert in bunten

Farben, nämlich in rot und grün. Die beiden Farben ergeben auf dem Stein ein Muster, wie Du es noch nie auf Steinen gesehen hast. Du drehst diesen Stein zur Seite und entdeckst, daß etwas darunter liegt. Mit den Händen schiebst Du die dünne Sandschicht weg, und tatsächlich kommt etwas hervor. Es glänzt hell, fast weiß. Du bist sehr gespannt und hoffst auf die Schatzkarte, aber es ist nur eine schöne, große Muschel, die unter dem Stein verborgen lag. Du nimmst sie in Deine beiden Hand und betrachtest sie von allen Seiten. Sie ist fest verschlossen und gibt Dir nicht preis, welches Geheimnis in ihrem Inneren verborgen liegt. So nimmst Du die Muschel und legst sie wieder in die Sandmulde zurück.

Du schwimmst zu einer nächsten Steingruppe. Von der Arbeit werden Dir auch Deine Arme und Beine angenehm warm. Du sagst zu Dir: Mein rechter Arm ist ganz warm! Mein rechter Arm ist ganz warm! Auch bei Deinem linken Arm bemerkst Du diese Wärme, und Du sagst zu Dir: Mein linker Arm ist ganz warm! Mein linker Arm ist ganz warm! Während Du die nächsten Steine umdrehst und von einem zum anderen schwimmst, bemerkst Du auch die angenehm warmen Beine, und sagst zu Dir: Mein rechtes Bein ist ganz warm! Mein rechtes Bein ist ganz warm! Das selbe stellst Du bei deinem linken Bein fest, und Du sagst zu Dir: Mein linkes Bein ist ganz warm! Mein linkes Bein ist ganz warm!

Nun schwimmst Du auf eine letzte Steingruppe zu, wo unter anderem ein schwarzer Stein liegt, der weiß gesprenkelt ist. Er sieht unter den vielen, bunten Steinen unscheinbar aus. Du entscheidest Dich, genau diesen Stein herumzudrehen. Beim Hochheben dieses Steines fühlst Du wieder, wie angenehm schwer Deine Arme und Beine sich anfühlen: Meine Arme und Beine sind auf besondere Art im Wasser schwer! Meine Arme und Beine sind auf besondere Art schwer! Als Du den Stein zur Seite gehoben hast, schimmert unter dem Sand etwas Bräunliches hervor. Du denkst sicherlich ist es ein weiterer Stein unter dem hellen Sand und willst schon aufgeben. Aber der Spruch fällt Dir nocheinmal ein, und Du sagst im Gedanken zu dir: „Nur ruhig Blut, dann geht alles gut!" Deshalb fegst Du den Sand mit Deiner Hand zur Seite. Es kommt ein fast rundes, dunkelbraunes Stück Leder unter dem Sand hervor. Du nimmst es in die Hand, hebst es hoch und wunderst Dich über dieses Stück Leder im Meeresboden. Du drehst es herum, und auf der anderen Seite des Leders sind Striche, Kreise, Punkte und Quadrate sowie ein Kreuz eingraviert. Vermutlich sind sie in das Leder hineingebrannt worden. Da schießt es Dir wie ein Geistesblitz durch den Kopf, daß dies die Schatzkarte sein muß. Aufgeregt winkst du Kapitän Nemo und schwimmst ein Stück zu ihm. Er kommt Dir entgegen und freut sich

sehr, nachdem er das Stück Leder genau betrachtet hat. Daran erkennst Du, daß Du die Schatzkarte gefunden hast.
Ruhig und zufrieden setzt Du Dich auf einen der Steine. Du sagst zu Dir: Meine Arme und Beine sind auf besondere Art im Wasser schwer! Meine Arme und Beine sind auf besondere Art schwer! Auch eine wohlige Wärme fließt durch Deinen Körper hindurch, und Du sagst zu Dir: Meine Arme und Beine sind ganz warm! Meine Arme und Beine sind ganz warm!
Kapitän Nemo gibt Dir die Karte zurück und deutet Dir, daß Du sie in Deinen Gürtel stecken sollst. Zum Suchen des Schatzes bleibt bei diesem Unterwasserausflug keine Zeit mehr. Ihr müßt zurück zum Unterwasserboot Nautilus. Du bist aber sicher, daß Ihr beim nächsten Unterwasserausflug den Schatz suchen werdet. So schwimmt Ihr ruhig und sicher zum Unterwasserboot Nautilus zurück. Du bist glücklich und zufrieden, denn Du hast die Schatzkarte gefunden.
Beim Unterwasserboot Nautilus angekommen, steigst Du durch die Luke in das Wasserboot hinein.

Sollen die Kinder nach diese Unterwassergeschichte **nicht einschlafen**, weil sie nun z. B. dem Unterricht folgen, konzentriert und in Ruhe spielen oder Hausaufgaben erledigen sollen, dann ist die Geschichte wie folgt zu Ende zu erzählen:

Es ist so, als ob Du aus einem schönen Traum erwachen würdest. Du beugst und streckst Deine Arme, atmest tief ein und wieder aus und machst die Augen auf. Langsam setzt Du Dich wieder auf.

Der Pädagoge, der die Geschichte erzählt hat, streckt sich und atmet hörbar ein und wieder aus, und zwar wiederholt. Diese Reaktionserleichterung ist für Kinder sehr wichtig und notwendig, auch im Hinblick darauf, daß sie nicht einschlafen. Bei dieser Rückhol-Instruktion muß die Stimme angehoben werden und energischer klingen, denn das Zurückholen aus dem Entspannungszustand muß vollständig geschehen, damit die Körperaktivierung wieder einsetzt. Es darf also keine physiologische „Rest-Entspannung" zurückbleiben, da dies zu Benommenheit oder auch Kopfschmerzen führen kann. Wichtig ist also, daß durch Beugen und Strecken der Arme und Beine und das wiederholte tiefe Ein- und Ausatmen eine normale körperliche Aktivierung ermöglicht wird.
Sollen Kinder nun aber im Anschluß an eine Kapitän-Nemo-Geschichte **einschlafen**, dann muß die Geschichte in einer anderen Weise enden:

Du bist angenehm müde von dem Unterwasserausflug geworden. Kapitän Nemo hilft Dir beim Ablegen des Sauerstoffgerätes, der

Schwimmflossen und der Taucherbrille; sodann begleitet er Dich noch bis zu Deiner Koje, in die Du Dich hineinrollst und sofort in einen ruhigen Schlaf fällst und noch etwas vom Unterwasserausflug weiterträumst.

Werden Unterwassergeschichten als Einschlafhilfe benutzt, dann ist es notwendig, daß die Kinder bereits vor dem Erzählen bettfertig sind, in ihrem Bett liegen und sofort einschlafen können; das heißt also, Zähne müssen geputzt sein und ebenso muß der letzte Toilettengang erledigt worden sein.

4.2.2   Weitere Entspannungsgeschichten

In den letzten Jahren sind sehr viele Entspannungsgeschichten für Kinder auf den Markt gekommen. Oftmals sind sie mehr oder weniger unstrukturierte Erzählungen, die keinen systematischen Aufbau im Hinblick auf den physiologischen Entspannungsprozeß aufweisen. In diesem Abschnitt sollen zwei Beispiele aufgeführt werden, von denen das eine sehr unterschiedliche Anregungen zu Entspannungsritualen enthält; das zweite zeigt die Kombination von Imagination und Musik auf.

Beispiel 1

Ein Praxisbuch für kindgemäße Entspannung liegt von Lutz PIRANY (1993) vor. Er hat eine Reihe verschiedenster Entspannungsrituale und -geschichten zusammengestellt. Diese Entspannungsmethoden sind für unterschiedliche pädagogische Situationen geeignet. Das Praxisbuch ist im Selbstverlag 1993 erschienen. Es enthält einige Gedanken zum Thema kindgemäße Entspannung, bevor ca. 60 Vorschläge für Entspannungs- und Ruherituale für Kinder und Jugendliche unterbreitet werden. Diese Vorschläge enthalten sehr unterschiedliche Entspannungsvorgehensweisen, von Geschichten angefangen, über Entspannung mit Musik, bis zu Bewegungsspielen und Körpermassage. Das Praxisbuch schließt mit Literatur zum Thema, mit Hinweisen zu Entspannungskassetten ab. Im Folgenden wird ein Partnerspiel, welches auf spielerischer Massage basiert und in der Bauchlage erlebt wird, vorgestellt. Das Thema heißt: Ein Garten für Kinder (PIRNAY, 1993, S. 16f.):

Ein schöner Frühlingstag, die Sonne scheint warm vom blauen Himmel . . .

   beide Hände erwärmen den oberen Rücken.

Was ist bloß mit unserem Garten los? Überall Unkraut! Also: Ran an die Arbeit. Zuerst lockern wir die Erde mit unserem Rechen ...

> *Hände imitieren Rechen.*

Nun können wir schon das erste Unkraut herausziehen. Wir packen es ganz nah bei der Wurzel. Gut so ...

> *Finger „zwicken" den Rücken.*

Oh, da ist ja ein Löwenzahn! Wir pflücken die Blüte und pusten die Tausend Fallschirme in die Luft...

> *„Pflücken" und „Pusten"*

Die lange Wurzel muß raus. Mit der Grabegabel lockern wir das Erdreich ...

> *Finger „graben" und „lockern".*

Da haben wir die ganze Wurzel erwischt ...
Und hier noch einmal graben und Unkraut herausziehen ...

> *s. o.*

Und da noch ein bißchen graben ...

> *s. o.*

Schon ist unser Beet sauber. Nur die Erdklumpen sind noch zu dick: Wir zerbröseln sie mit den Händen, so daß es feine Erde wird ...

> *Finger „krabbeln" über den ganzen Rücken.*

Was müssen wir nun machen? – Rillen für die Samen. Richtig! Wir nehmen uns einen alten Besen und ziehen Furchen in die Erde ...

> *Handkante imitiert Furchen.*

Wir wollen nun Möhren (Radieschen) sähen. Die schmecken lecker. Behutsam streuen wir den Samen in die Furchen ...

> *Imitieren.*

Schöne Blumen wollen wir auch pflanzen. Dazu nehmen wir Blumenzwiebeln: Tulpen, Narzissen ... Wir graben kleine Löcher und setzen die Zwiebeln ein, in jede Furche 5 oder 6?

> *Imitieren.*

Nun gute Erde darüberstreuen. Schon sind wir fertig. Oder? Ach, wir müssen ja noch gießen, also Gießkanne holen, Wasser einfüllen ...

Geräusche nachahmen:
holen: flache Hände streifen aneinander;
Wasser einfüllen: tsch ...

Und jetzt gießen wir unser Beet an ...

tsch – Wasser mit Fingern imitieren.

Prima so! – Schön, daß die Sonne noch scheint ...
Hände erwärmen den oberen Rücken.

Langsam kommt die Dämmerung. Die Sonne versinkt am Horizont.

Hände „rutschen" sehr langsam den Rücken herunter und lösen sich behutsam.

Es ist vollkommen ruhig und friedlich.

Beispiel 2

Die Entspannungsgeschichte Stecki 401 wurde von dem Dipl.-Psych. Hassan REFAY entwickelt. Sie besteht aus zwölf Folgen, wobei jede Folge eine für sich abgeschlossene Geschichte ist, die jeweils auf Kassetten vorliegen. Die Geschichten sind für Kinder von fünf bis ca. zwölf Jahren gedacht. Die Geschichten sind in einen spannenden, unterhaltsamen Teil und in einen Entspannungsübungsteil gegliedert. Der erste Teil ist eher eine Abenteuergeschichte, die noch wenig mit Entspannungsmethoden zu tun hat. Das Motiv der Geschichten bezieht sich auf einen Jungen, der mit seinem Raumschiff PauPi auf der Erde landet. Der Junge kommt von dem fernen Planeten Utanus. Er begenet zwei Erdenkindern, die zuerst einmal Angst vor ihm haben, aber mit Hilfe von Selbstinstruktionen, die in die Abenteuergeschichte integriert sind, ihre Angst überwinden und Freunde von Stecki 401 werden. Solche integrierten Selbstinstruktionen lauten beispielsweise: „Hab' ich Mut, geht alles gut" oder „Eins, zwei, drei – bin angstfrei" oder „Ich halte still, weil ich es will". Stecki 401 ist ein kluger Junge, der ein Computergehirn besitzt und deshalb z. B. alle Sprachen der Welt sprechen kann; er kann sich auch unsichtbar machen sowie fliegen und tauchen. Er hat allerdings eine Fähigkeit nicht, nämlich wie ein Mensch zu fühlen. So ergibt sich in den Geschichten zwischen den Fähigkeiten der Erdenkinder und denen von Stecki 401 eine Ergänzung; die Erdenkinder versuchen nämlich Stecki 401 zu helfen, wie ein Mensch zu fühlen, und der Junge vom Planeten Utanus unterstützt die Kinder auf lustige Weise, ihre alltäglichen Probleme zu bewältigen. Die Themen der zwölf Kassetten lauten:

- Stecki 401 landet auf der Erde
- Stecki 401 braucht Hilfe
- Stecki 401 – Die Notlandung
- Stecki 401 – Andy braucht Hilfe
- Stecki 401 in der Schule
- Stecki 401 – die Geheimreise
- Stecki 401 im Supermarkt
- Stecki 401 als Detektiv
- Stecki 401 im Zirkus
- Stecki 401 im Krankenhaus
- Stecki 401 auf dem Fußballplatz
- Stecki 401 und die Bankräuber

Jeder Geschichte schließen sich Entspannungsübungen an, die sich an das Autogene Training anlehnen. Dieser Entspannungsteil besteht aus einer Traumreise; in ihr sind Instruktionen für das zuhörende Kind; es soll sich vorstellen, daß es mit einem Raumschiff im Weltall unterwegs ist und sich leicht und schwerelos fühlt. In dieser Weltraum-Traumreise sind z. B. Ateminstruktionen enthalten: **Atme ruhig ein und aus, ein und aus, ein und aus.** Auch Ruheinstruktionen werden gegeben: **Du bist ruhig, gelassen und entspannt!** Diese Instruktion wird zweimal wiederholt. Weitere Instruktionen sind: **Du vergißt alles um Dich herum. Es ist ruhig und angenehm. Du liegst ruhig und ganz entspannt.**
Der Traumreisen-Teil verfolgt das Ziel, daß sich die Kinder entspannen und in kritischen Situationen des Alltags besser konzentrieren und solche Situationen bewältigen lernen. Jede Geschichte ist eine abgeschlossene Folge und dauert 30 Minuten. Die Geschichten sind über den Autor oder den Schwann-Verlag zu beziehen.

Beispiel 3

Manche Entspannungsmethoden kombinieren Musik und Imaginationen; beispielhaft soll auf die Stereo-Tiefensuggestion nach Arnd STEIN eingegangen werden. Es handelt sich hierbei um eine speziell für Entspannungsgeschehen komponierte Musik, die im Rhythmus von 60 Taktschlägen pro Minute angelegt ist. Es gibt eine Reihe von Kompositionen, die jeweils 30 Minuten Entspannungsmusik enthalten. In diese Entspannungsmusik sind verschiedene Instruktionen integriert, die eine Reihe angenehmer Vorstellungsbilder (Imaginationen) entwickeln. Beispielsweise wird beschrieben, wie man durch einen Wald spaziert und die Vögel pfeifen hört, oder vor einem knisternden Kaminfeuer sitzt, das wärmt, oder an einem Strand im Sand liegt und die Wärme der Sonne auf dem Körper spürt und das Rauschen der Wellen hört. Es werden verschiedene Vorstellungsbilder im Zehn-Minuten-Abstand aufgebaut, um vertiefte Entspannungsphasen herzustellen. Räumlich versetzte Stimmen flüstern verschiedene Instruktionen, die ein bestimmtes Thema verfolgen, z. B. sich entspannen und wohlfühlen, Ängste überwinden, besser schlafen, seine Konzentration steigern, sein Selbstbewußtsein stärken. Die 30-minütige Entspannungsmusik ist in vier ineinander übergehende Phasen gegliedert:

- Einleitung der Entspannung
- Vertiefung der Entspannung
- Tiefensuggestionsphase
- Rückkehr ins „Hier" und „Jetzt"

Literatur

BERNSTEIN, D. A. & BORKOVEC, T. D. (1990). Entspannungs-Training. Handbuch der Progressiven Muskelentspannung. München: Pfeiffer, 5. erweiterte Auflage.

BIRBAUMER, N. & SCHMIDT, R. F. (1990). Biologische Psychologie. Berlin: Springer.

DEUCHERT, M. & PETERMANN, U. (1994). Angststörungen. In F. PETERMANN & D. VAITL (Hrsg.), Handbuch der Entspannungsverfahren. Band 2: Anwendungen (19–56). Weinheim: Psychologie Verlags Union.

DILLING, H., MOMBOUR, W. & SCHMIDT, M. H. (Hrsg.) (1993). Internationale Klassifikation psychischer Störungen. ICD-10. Bern: Huber, 2. korrigierte Auflage.

DODGE, K. A. (1993). Social-cognitive mechanisms in the development of conduct disorders and depression. Annual Review of Psychology, 44, 559–584.

DÖPFNER, M. (1996). Hyperkinetische Störungen. In F. PETERMANN (Hrsg.), Lehrbuch der Klinischen Kinderpsychologie (165–217). Göttingen: Hogrefe, 2., korr. Auflage.

ESSAU, C. A. & PETERMANN, U. (1996). Angststörungen. In F. PETERMANN (Hrsg.), Lehrbuch der Klinischen Kinderpsychologie (165–217). Göttingen: Hogrefe, 2., korr. Auflage.

FICHTNER, O. & PETERMANN U. (1994). Strukturierte Hausaufgabenbetreuung: Die Fuchsgruppe. In U. PETERMANN (Hrsg.), Verhaltensgestörte Kinder. Didaktische und pädagogische Hilfen (87–115). Salzburg: Otto Müller.

FREIMANN, M. (1994). Ruherituale und Entspannungsverfahren im Unterricht. In U. PETERMANN (Hrsg.), Verhaltensgestörte Kinder. Didaktische und pädagogische Hilfen (152–159). Salzburg: Otto Müller.

FREY, F. (1994). Rituale im Schulalltag zur Orientierung und Sicherheit für Lehrer und Schüler: Beispiel Schultagbeginn und Schülertagebuch. In U. PETERMANN (Hrsg.), Verhaltensgestörte Kinder. Didaktische und pädagogische Hilfen (130–151). Salzburg: Otto Müller.

HAMM, A. (1993). Progressive Muskelentspannung. In D. VAITL & F. PETERMANN (Hrsg.), Handbuch der Entspannungsverfahren.

Band 1: Grundlagen und Methoden (245–271). Weinheim: Psychologie Verlags Union.

HERMECZ, D. A. & MELAMED, B. G. (1984). The assessment of emotional imagery training in fearful children. Behavior Therapy, 15, 156–172.

HESS, W. R. (1954). Die funktionelle Organisation des vegetativen Nervensystems. Basel: Schwabe.

JACOBSON, E. (1990). Entspannung als Therapie. Progressive Relaxation in Theorie und Praxis. München: Pfeiffer.

KRUG, J. (1991). Das Autogene Training. München: Beck.

KUSCH, M. & PETERMANN, F. (1996). Konzepte und Ergebnisse der Entwicklungspsychopathologie. In F. PETERMANN (Hrsg.), Lehrbuch der Klinischen Kinderpsychologie (53–93). Göttingen: Hogrefe, 2., korr. Auflage.

LAZARUS, A. A. (1989). The practice of multimodal therapy. Baltimore: John Hopkins University Press.

LAZARUS, A. A. & MAYNE, T. J. (1990). Relaxation: Some limitation, side effects and proposed solutions. Psychotherapy, 27, 261–266.

LOEBER, R. (1990). Development and risk factors of juvenile antisocial behavior and delinquency. Clinical Psychology Review, 10, 1–41.

MULHOLLAND, T. (1990). Alphy-contingent stimulation with binocular and monocular viewing. International Journal of Psychophysiology, 9, 249–256.

PETERMANN, F. (1994). Verhaltensstörungen in der Schule. In U. PETERMANN (Hrsg.), Verhaltensgestörte Kinder. Didaktische und pädagogische Hilfen (17–37). Salzburg: Otto Müller.

PETERMANN, F. (1996a). Psychologie des Vertrauens. Göttingen: Hogrefe, 3., korr. Auflage.

PETERMANN, F. (Hrsg.) (1996b). Lehrbuch der Klinischen Kinderpsychologie. Göttingen: Hogrefe, 2., korr. Auflage.

PETERMANN, F. (Hrsg.) (1997). Verhaltenstherapie mit Kindern. Baltmannsweiler: Röttger-Schneider, 3. völlig veränd. Auflage.

PETERMANN, F. & KUSCH, M. (1993). Imaginative Verfahren. In D. VAITL & F. PETERMANN (Hrsg.), Handbuch der Entspannungsverfahren. Band 1: Grundlagen und Methoden (217–244). Weinheim: Psychologie Verlags Union.

PETERMANN, F. & PETERMANN, U. (1992). Probleme im Jugendalter. Freiburg: Lambertus, 2., veränderte Auflage.

PETERMANN, F. & PETERMANN, U. (Hrsg.) (1993a). Angst und Aggression bei Kindern und Jugendlichen. München: Quintessenz.

PETERMANN, F. & PETERMANN, U. (1994). Training mit aggressiven Kindern. Weinheim: Psychologie Verlags Union, 7., überarbeitete Auflage.

PETERMANN, F. & PETERMANN, U. (1996a). Training mit Jugendlichen: Förderung von Arbeits- und Sozialverhalten. Weinheim: Psychologie Verlags Union, 5., völlig veränderte Auflage.

PETERMANN, F. & VAITL, D. (Hrsg.) (1994). Handbuch der Entspannungsverfahren. Band 2: Anwendungen. Weinheim: Psychologie Verlags Union.

PETERMANN, F. & WARSCHBURGER P. (1996). Aggression. In F. PETERMANN (Hrsg.), Lehrbuch der Klinischen Kinderpsychologie (127–163). Göttingen: Hogrefe, 2., korr. Auflage.

PETERMANN, U. (1987). Heimerziehung. In A. KORMANN (Hrsg.), Beurteilen und Fördern in der Erziehung. Orientierungshilfen bei Erziehungs- und Schulproblemen (299–317). Salzburg: Otto Müller.

PETERMANN, U. (1992). Sozialverhalten bei Grundschülern und Jugendlichen. Frankfurt: Peter Lang, 2., durchgesehene Auflage.

PETERMANN, U. (1993a). Die Kapitän-Nemo-Geschichten. Teil 1 + 2. Essen: ELVIKOM.

PETERMANN, U. (1993b). Sonderschulen für verhaltensgestörte Kinder in der Bundesrepublik Deutschland. Heilpädagogische Forschung, 19, 1–11.

PETERMANN, U. (1994a). Materialien zu Imagniationsverfahren für Kinder. In F. PETERMANN & D. VAITL (Hrsg.), Handbuch der Entspannungsverfahren. Band 2: Anwendungen (305–345). Weinheim: Psychologie Verlags Union.

PETERMANN, U. (Hrsg.) (1994b). Verhaltensgestörte Kinder. Didaktische und pädagogische Hilfen. Salzburg: Otto Müller.

PETERMANN, U. & PETERMANN, F. (1993b). Entspannungsverfahren bei Kindern und Jugendlichen. In D. VAITL & F. PETERMANN (Hrsg.), Handbuch der Entspannungsverfahren: Band 1: Grundlagen und Methoden (316–334). Weinheim: Psychologie Verlags Union.

PETERMANN, U. & PETERMANN, F. (1996b). Training mit sozial unsicheren Kindern. Weinheim: Psychologie Verlags Union, 6., überarbeitete Auflage.

PETERMANN, U., UMANN, D., GOTTSCHLING, R. & GRUHLER, S. (1993). Schule für Verhaltensgestörte: Analyse von Schulkonzepten. Sonderpädagogik, 23, 142–155.

PIRNAY, L. (1993). Kindgemäße Entspannung. Praxisbuch. Lichtenbusch (Belgien): Pirnay.

SCHACTER, D. L. (1977). EEG theta waves and psychological phenomena: A review and analysis. Biological Psychology, 5, 47–82.

SCHANDRY, R. (1981). Psychophysiologie. Körperliche Indikatoren menschlichen Verhaltens. München: Urban & Schwarzenberg.

SCHNEIDER, M. & ROBIN A. (1975). The turtle technique: A method for the self control of impulsive behavior. In J. KRUMBOLTZ & C. THORESEN (Eds.), Counseling methods. New York: Holt, Rinehart & Winston.

SCHOTT, H. & WOLF-BRAUN, B. (1993). Zur Geschichte der Hypnose und der Entspannungsverfahren. In D. VAITL & F. PETERMANN (Hrsg.), Handbuch der Entspannungsverfahren. Band 1: Grundlagen und Methoden (113–131). Weinheim: Psychologie Verlags Union.

SMITH, J. C. (1988). Steps toward a cognitive-behavioral model of relaxation. Biofeedback and Self-Regulation, 13, 307–329.

STEIN, A. (o. J.). Stereo-Tiefensuggestion. Iserlohn: Verlag für Therapeutische Medien.

VAITL, D. (1993a). Psychophysiologie der Entspannung. In D. VAITL & F. PETERMANN (Hrsg.), Handbuch der Entspannungsverfahren. Band 1: Grundlagen und Methoden (25–63). Weinheim: Psychologie Verlags Union.

VAITL, D. (1993b). Autogenes Training. In D. VAITL & F. PETERMANN (Hrsg.), Handbuch der Entspannung. Band 1: Grundlagen und Methoden (169–206). Weinheim: Psychologie Verlags Union.

VAITL, D. & GRUPPE, H. (1991). Baroreceptor stimulation and chances in EEG and vigilance. In P. B. PERSSON & H. R. KIRCHHEIM (Eds.), Baroreceptor reflexes. Integrative functions and clinical aspects. Berlin: Springer.

VAITL, D. & PETERMANN, F. (Hrsg.) (1993). Handbuch der Entspannungsverfahren. Band 1: Grundlagen und Methoden. Weinheim: Psychologie Verlags Union.

VOGEL, W., BROVERMAN, D. M. & KLAIBER, E. L. (1968). EEG and mental abilities. Electroencephalography and Clinical Neurophysiology, 24, 166–175.

WITTCHEN, H.-U., SASS, H., ZAUDIG, M. & KOEHLER, K. (1989). Diagnostisches und Statistisches Manual Psychischer Störungen. DSM-III-R. Weinheim: Beltz.

Bezugsquellennachweise

1. Die Kapitän-Nemo-Geschichten (PETERMANN 1993a) sind auf zwei Tonkassetten (Spieldauer jeweils 90 Minuten) erhältlich, die als Set verkauft werden. Sie sind telefonisch oder schriftlich zu beziehen über

   ELVIKOM
   Kronprinzenstr. 13
   45128 Essen
   Tel.: 0201/8130-0
   Fax: 0201/8130-108

2. Das Praxishandbuch „Kindgemäße Entspannung" von Lutz PIR-NAY (1993) ist telefonisch oder schriftlich vom Autor zu beziehen:

   Lutz Pirnay (Lehrer für Sonderpädagogik)
   Horsterpark 47
   B-4731 Lichtenbusch
   Tel.: 0032/87/866651

3. Die „Stecki 401" Kassetten sind im Refay-Verlag erschienen. Informationen und Bestellungen können direkt vom Verlag angefordert werden:

   Refay-Verlag
   Im Mühlenberg 10
   55499 Riesweiler
   Tel.: 06761/3891

4. Die Stereo-Tiefensuggestion und die Entspannungsmusik von Dr. Arnd STEIN sind als MC und als CD im Verlag für Therapeutische Medien erschienen. Informationen und Bestellungen sind direkt beim Verlag möglich:

   Verlag für Therapeutische Medien
   Postfach 72 13
   58610 Iserlohn

Tel.: 02374/8337
Fax: 02374/8139

5. Der Videofilm „Entspannungstechniken für Kinder und Jugendliche" hat die Produktions-Nr. 94/12 und kann gegen Voraus-
sendung eines Verrechnungsschecks von DM 20,00 bei folgender
Adresse bestellt werden:

FernUniversität Hagen
ZFE-Videoversand
Postfach 940
58084 Hagen
Tel.: 02331/987-4228 und -4224

Hinweis: Leider haben wir erst kurz Drucklegung erfahren, daß die
„Stecki"-Kassetten zur Zeit vergriffen sind. Wir bemühen uns jedoch,
die Bezugsmöglichkeiten zu klären. Bitte wenden Sie sich gegebenen-
falls direkt an den Beltz Verlag.

Glossar

Aktivierung, psychophysische
Stoffwechselvorgänge sowie die Herz-Kreislauf-Tätigkeit werden beschleunigt; Erregung, Emotionen sowie kognitive Prozesse werden angeregt. Aktivierung ist der Gegenpol zur Desaktiviertheit bzw. zur Entspannung und ist an Verhaltensweisen, Handlungen oder motorischen Vorgängen erkennbar.

Autonomes Nervensystem
Das Nervensystem umfaßt die Gesamtheit aller Nervenzellen und Nervenleitungen. Es ist in ein Zentralnervensystem (ZNS) und in ein autonomes oder vegetatives Nervensystem (ANS) unterschieden. Zum Zentralnervensystem gehören Gehirn und Rückenmark. Das autonome Nervensystem besteht aus Nervenfasern, die die glatte Muskulatur der Eingeweide, der Gefäße, der Drüsen und des Herzens innervieren (versorgen). Es versorgt also alle Organe, z. B. das Herz, die Leber, die Nieren, den Magen, mit Nerven und regelt somit unbewußt und vom Willen weitgehend unabhängig innere Lebensvorgänge.

Diagnostisches und Statistisches Manual (DSM)
Hierbei handelt es sich um einen Kriterienkatalog, der ein diagnostisches Urteil zuverlässig absichern helfen soll. Mit ihm kann festgestellt werden, ob spezifische klinische Symptome vorhanden sind oder fehlen. Diese diagnostischen Kriterien wurden mit Hilfe vieler empirischer Studien aus verschiedenen klinischen Zentren in Europa, Kanada und Nordamerika gewonnen. Sie stellen einen minimalen Konsens dar, der kontinuierlich durch neue Forschungsergebnisse modifiziert wird. Der Gebrauch der diagnostischen Kriterien verbessert die Übereinstimmung der klinisch Tätigen untereinander sowie zwischen den Kliniken und Forschern.

Differentialdiagnose
Sie gibt die Überschneidungen und die Abgrenzungen einer Störung zu anderen Störungen präzise an. Die Differentialdiagnose wird bei jedem Störungsbild im DSM angegeben. Beispiel: Die Störung mit Trennungsangst darf differentialdiagnostisch erst ab einem bestimm-

ten Alter angenommen werden, nämlich ab dem dritten Lebensjahr, zuvor ist Trennungsangst ein normales, vorübergehendes Entwicklungsphänomen.

Elektromyographie
Dies betrifft die Aufzeichnung der elektrischen Phänomene der Muskeln.

Ergotropie
Es handelt sich um eine durch das autonome Nervensystem gesteuerte Reaktion des Organismus, die diesen zu Leistungssteigerungen, Aktivierung und Mobilisierung befähigt. Auch der Bewußtseinsgrad wird erhöht, Herz-Kreislauf-Tätigkeiten sowie der Stoffwechsel werden aktiviert.

Gastrointestinal
Dies betrifft den Magen-Darm-Trakt des Körpers.

Interferenz
Es handelt sich um die wechselseitige Beeinflussung von Lerninhalten; beispielsweise hemmt ein Lernstoff einen zweiten Lerninhalt, der in zeitlicher Nähe bearbeitet wird.

International Classification of Diseases (ICD)
Hierbei handelt es sich um ein analoges Klassifikationssystem psychischer Erkrankungen wie das DSM. In ähnlicher Weise sind diagnostische Kriterien aufgestellt, um z. B. zuverlässig eine Verhaltensstörung zu diagnostizieren. Das ICD-System ist von der Weltgesundheitsorganisation (WHO) erarbeitet und empfohlen worden. DSM und ICD haben sich in ihren neuesten Versionen einander stark angenähert.

Kernsymptom
Es sind die zentralen Symptome einer Störung angesprochen, die am deutlichsten und differenziertesten eine Störung charakterisieren. Beispielsweise sind die Kernsymptome des aggressiven Verhaltens beschimpfen und schlagen, also anderen absichtlich eine Schädigung zufügen. Ein weiteres wichtiges, aber nicht zwingend bei jedem aggressiven Kind dazugehöriges Symptom, und deshalb kein Kernsymptom, ist die motorische Unruhe aggressiver Kinder.

Motorische Einheit
Sie besteht aus einem Zellkörper (Motoneuron: periphere, also fern vom Zentralnerven- und Herz-Kreislauf-System, motorische Nervenzelle des Rückenmarks), einer Nervenfaser (Axon) und einem Muskel, der aus verschieden vielen Muskelfasern besteht (vgl. auch Kasten auf S. 37). Über Motoneuronen werden Informationen vom Zentralnervensystem übertragen und diese Informationen in Muskelbewegungen umgesetzt.

Peristaltik
Dies betrifft Kontraktionen z. B. im Verdauungstrakt, um bestimmte Stoffe, wie die Nahrung, weiter zu transportieren.

Physiologie
Im weiteren Sinne betrifft sie die Wissenschaft von der belebten Natur, im engeren Sinne die von den normalen Lebensvorgängen mit den Teilgebieten Muskel-, Nerven-, Kreislauf-, Sinnes-Physiologie etc.

Prävalenzraten
Es bezeichnet die Auftretenshäufigkeit einer körperlichen Krankheit oder psychischen Störung in der Bevölkerung, z. B. von Verhaltensstörungen unter Kindern und Jugendlichen bis 18 Jahren.

Prävention
Präventive Maßnahmen stellen vorbeugende Maßnahmen dar.

RIA
Es handelt sich hierbei um eine Abkürzung, die für Relaxation Induced Anxiety steht, also für Ängste, die durch Entspannung induziert (ausgelöst) sind.

Shunts
Es ist die Stelle im Blutgefäßsystem gemeint, die die beiden sehr unterschiedlichen Gefäßsysteme miteinander verbindet, nämlich das arterielle und venöse Strombett.

Spasmus
Es handelt sich um eine rhythmisch wiederholende Muskelkontraktion, also um eine Verkrampfung von Muskeln.

Suggestion, Suggestibilität
Mit verbalen oder anderen Reizen (Suggestionen) können Einstellungen, Urteile oder Verhaltensweisen bei Personen beeinflußt werden, ohne daß diese Veränderungen immer bewußt sind; die Sugge-

stibilität betrifft die Beeinflußbarkeit oder Empfänglichkeit für Suggestionen, welche individuell sehr verschieden ist.

Sympathiko-Adrenerge
Das adrenerge System umfaßt die Gesamtheit der autonomen Nervenfasern, die dafür verantwortlich sind, daß die beiden Neurotransmitter Adrenalin und Noradrenalin freigesetzt werden. Dies erfolgt vorwiegend im sympathischen Nervensystem. Adrenalin und Noradrenalin sind Hormone des Nebennierenmarks; beide haben gefäßverengende (vasokonstriktive) Wirkungen. Adrenalin führt vor allem zu Blutdruckanstieg, während Noradrenalin pulsverlangsamend wirkt.

Sympathisches Nervensystem
Das autonome bzw. vegetative Nervensystem wird in drei Typen eingeteilt: nämlich das sympathische, parasympathische und enterale Nervensystem. Diese Untergruppen sind autonom und unwillkürlich arbeitende Teilsysteme des vegetativen Nervensystems, die lebenswichtige Funktionen für die Atmung, den Kreislauf, die Verdauung, den Stoffwechsel, die Körpertemperatur und Fortpflanzung besitzen. Sie sind auch an sämtlichen emotionalen Reaktionen beteiligt. Das sympathische Teilsystem ist an gesteigerter Körperaktivität beteiligt (z. B. Beschleunigung der Herzrate); das parasympathische Teilsystem wirkt an Zuständen der Entspannung mit (z. B. Herzratenverlangsamung).

Trigger
Ein Trigger ist eine Bezeichnung für einen physikalischen oder chemischen oder physiologischen Auslöser. Es kann sich dabei um einen Reiz oder eine Substanz oder einen Vorgang handeln, welcher eine Reaktion auslöst (triggert).

Trophotropie
Hierbei handelt es sich um den Gegenbegriff zur Ergotropie. Dieses neurovegetative Reaktionsmuster tritt während Erholungs- oder Schlafphasen auf und geht mit Muskelerschlaffung, Blutdruckabfall, Verlangsamung der Atmung und Pupillenverengung einher.